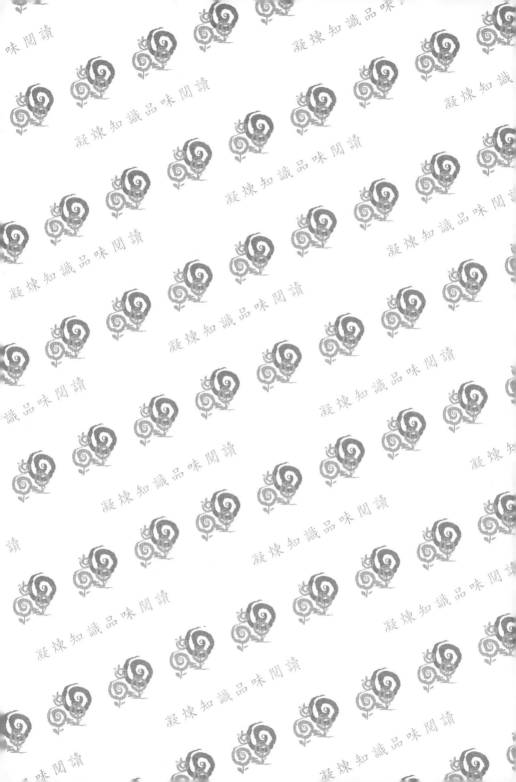

Court Interpreting:
Theory and Practice

法庭口譯
理論與實踐

陳雅齡 ◆ 著

我國社會近數十年來外籍人士來台居留的人數快速成長，包括移民、留學生、勞工、幫傭、看護、配偶等。這些大量新住民與台灣居民長期共同生活的過程中，難免會衍生一些法律訴訟的問題。但這些新住民在台灣法庭上通常是語言和文化的弱勢族群，不易受到公平的對待。而法律訴訟強調審理程序的正當性，在法庭上一旦因語言和文化的隔閡無法順利溝通，依法需要通譯的協助服務，才能確保基本人權和公平審判，其重要性不言可喻。

　　我國對於法庭口譯的需求日益殷切，而且通譯內容的準確與否影響審理程序和結果甚大，但是現行法庭的通譯制度、譯者質量，乃至於倫理規範等仍有很大的改善空間，也需要專家學者投入相關理論研究、技能培訓和制度規劃等奠基工作。陳雅齡老師的這本新著《法庭口譯：理論與實踐》可說是我國第一本應用學術觀點和方法，針對法庭口譯理論研究與實務踐履作系統性論述[1]，頗具歷史意義，值得讚許鼓勵。

　　全書分為理論與實踐兩大篇，以十章分別探討十個不同主題，含括法庭口譯的原則概念、發展簡史、專業倫理、實務演練、口譯員的主體性和技能培養、法律語言和文本的翻

---

[1]　陳允萍先生曾於2017年出版《司法通譯》一書，但內容側重通譯實務運作。

譯等，內容豐富多元。雖然各章是獨立完整的篇幅，但彼此間保有關聯，可以相互參照。而且難能可貴的是，書中除了引用國內外學術論著和實徵研究來支持論點，作者還現身說法，融入自己擔任法院通譯的所思所感，搭配照片圖表、史料數據、法律條文、審理案例、翻譯實例等，便於讀者理解法庭中錯綜複雜的口譯溝通現象，令人有親臨現場之感。簡言之，這是一本國內首創、國際少見、理論實務兼具、圖文情思並茂、有助於提升台灣司法正義的法庭口譯專書。

而本書的作者陳雅齡老師是我所教過眾多的學生當中，擁有最多學位的人。雅齡的求學經歷從台大外文系學士、美國加州大學洛杉磯分校圖書館學碩士、輔大翻譯所碩士、台師大翻譯所博士，到政大法學碩士，一路走來，始終堅定。而且就讀後面三個學位的期間，同時還在大學專任教職，可想見她日常壓力有多巨大，時間利用有多緊迫。一般人只要榮獲其中一個名校學位就覺得功德圓滿，但對雅齡而言，橫跨文學、翻譯、圖書館學、法律四個專業領域，取得五個碩博士學位還只是現況，哪天她又收集到第六個學位，我也不覺得驚訝。我只擔心她對太多研究主題都具有濃厚興趣，只會覺得時間不夠用而傷透腦筋。

我曾和雅齡共同撰寫過三篇研究論文和兩本翻譯教科書，在合作過程中體會到雅齡最突出的人格特質，就是永不滿足的求知熱情和頑強不懈的苦讀精神，這些特質註定她的學術生涯活躍多產。雅齡不僅積極參加學術研討會、發表論

文、擔任高等法院特約通譯，還在真理大學、台大、法官學院、高等法院檢察署等地授課。而這本《法庭口譯：理論與實踐》更是她長年企圖整合翻譯與法律研究的心血結晶。值此新書付梓之際，我很榮幸為之作序推薦，既恭喜雅齡出版了她人生第一本法律學術專著，實現她維護新住民語言人權的使命，更期許她永保學術研究的熱忱，創造更多跨界研究的驚奇。

廖柏森

國立台灣師範大學翻譯研究所教授

---

* 本推薦序之順序是依交稿時間先後來排序，特此說明之。

★ ★ ★

　　2014年我在政治大學法學院碩士在職專班教授法學導論課程時，注意到本書作者陳雅齡教授，知道她為了進行法庭口譯的研究與教學工作，到政大法學院修習法律碩士學位，當時我便對雅齡教授研究的執著與熱情印象深刻。2016年以來雅齡教授參與我所開設的當代法制史及身分法課程，展現出她對於法學研究的熱情與能量，更讓我印象深刻的是，在兩門課程的期末報告，雅齡教授結合了法學知識與其既有翻譯專業之學術研究能力，完成了具有創造性的研究成果。

　　今年下學期，雅齡教授不僅完成她在政大法學院的碩士論文，並且即將出版《法庭口譯：理論與實踐》一書。雅齡的碩士論文討論的是有關法律解釋要面臨的語言的模糊性與歧義性，論文中以國際私法及民法親屬編的案例，探討翻譯與法律解釋所共同面臨的語言的模糊性與文化性問題。在與雅齡的交流與對話過程中，我注意到她不僅具有嚴謹的學術研究能量，還極富有創意與解決問題的行動力，例如她在書寫法學碩士論文與身分法的課程中，除了完成課堂上對於法學學術要求的學術報告，更結合身分法的專業知識與法庭口譯的工作的現場實踐，提出有關身分法規範牽涉外國婚姻時，在法庭審判過程中的改善及實踐方案。

　　雅齡教授請我為此書寫推薦序，我非常樂意為之。在這

本書中，讀者可看出她在翻譯研究與法庭口譯工作的熱情與能量，以及將學術研究轉換為實踐的創意能力。她使用文字的能力、運用理論分析口譯現場，以及對於台灣法庭口譯場景的描繪，將有助於在法院現場的工作者，不管是法官、檢察官、律師、法律事務官、檢察事務官、社工員，或者任何需要面對法庭翻譯現場的當事人都有所幫助。

雅齡的語言能力驚人，在過去半年來，她在繁忙的教學與研究工作外，還協助我進行論文的英文翻譯工作，她的翻譯讓我看到她對於語言掌握的天分與能力。她所提供的翻譯，讓我看到她對於英文與中文的掌握細緻度、優美性與精確性。

讀者在這本書中更可以看到雅齡結合法律專業知識與翻譯專業知識，探討法庭口譯的理論與現場。這本書不僅有理論與實務面向，更有有關法庭翻譯的歷史縱向論述。讀者在閱讀此書時，將對於法庭口譯的現況與困境有如臨現場的感覺，可以讓讀者透過理論產生如何面臨口譯現場困境的可能思考。本書的出版對於台灣在面臨全球化的情境具有重要意義，我很期待本書的出版，並希望讀者跟我一樣在享受閱讀本書時，感受到雅齡教授為我們準備的語言翻譯的知識與實踐力量。

陳惠馨

國立政治大學法學院教授

陳雅齡教授是一位非常有特色的人，所著的這本大作《法庭口譯：理論與實踐》也是一本非常特別的著作。用現在年輕人的話來說，陳老師是一位非常熱血的知識工作者，這本書也處處充滿了熱血澎湃的風格。

陳教授過去在國外就開始從事司法通譯相關工作；回到台灣之後，也一直沒有間斷。司法通譯的壓力及複雜程度非常高，陳教授能長年投入而不輟，憑的就是一股對於尊重基本人權公平正義的堅定信念，熱血其一。

陳教授從司法通譯的實務作中，悟出了必須深入研究學理背景，才能讓司法通譯更上一層樓的道理，於是進入師大翻譯所攻讀博士學位，並陸續發表司法通譯相關論文，過程中又覺得自己法律素養不足，於是續攻政大法學碩士學位。如此對於學術的強烈渴望，熱血其二。

除了自己投身通譯工作，並且著述不斷之外，陳雅齡教授也投身司法通譯人才培育。師大翻譯所長期投入通譯人才訓練，與政府及民間機構合作開課，過去有幾次幫主辦單位代邀陳教授擔任講座，不論工作多忙、時間多趕，或者地點多偏遠，陳教授每一次都欣然答應協助，而且課程總是豐富精采，深受學員歡迎，熱血其三。

　　《法庭口譯：理論與實踐》一書中共有十章，分為兩大篇，其中內容包羅萬象。如果真要仔細展開每一章的主題，其實可以發展為好幾本專書。但是陳教授以其深厚的學術及實務背景，將每一個主題的理論背景都用最深入淺出的文字完整論述。並且搭配本身實務工作的省思，讓讀者能先跟案例產生共鳴，再進一步探究理論，因此同時保持了學術的嚴謹深度及文字對於讀者的吸引力。

　　這本書的另一個特色是引入歷史的脈絡。在許多章節中，陳雅齡教授在書中不僅分析當前的案例，還與歷史上的文件比較，並且詳細研究其間的脈絡及演變，讓司法通譯的歷史面向也能呈現在讀者面前；相信後續研究者一定也能由其中尋得許多研究議題的靈感跟啟發。

　　這種寫法相當不容易，而且下起筆來，如何把握學術及實務的平衡，可能比寫純粹的學術論文更難拿捏，這也充分展現了陳雅齡教授不怕難、一心追求卓越的熱血精神。然而，讀者應該可以很快發現，本書因為作者設定的定位明確，加上文筆流暢，所以不論是對於學術界或實務界都很具有參考價值，同時也十分適合作為大專校院的教科書。

　　是為序。

陳子瑋

國立台灣師範大學翻譯研究所副教授兼所長

自序

本書以台灣法庭及法律制度為主體，探討法庭口譯的理論與實踐面。全書共十章，為筆者多年來從事法庭口譯研究、教學（包括台大、法官學院及檢察署等）及自我實踐的結晶。其中理論部分更涉及法律翻譯（含口、筆譯）的核心——法律術語的翻譯及法律語言的模糊性，因而對於從事法律筆譯的讀者可有所啟發，整體上適合各語種的司法通譯甚至法律從業人員進修，會議口譯人士亦能有所應用。

本書各篇主題雖然看似獨立，但仔細閱讀可發現內部概念有其連續性。第一章討論法庭口譯的發展背景、法源及功能；第二章從法制史觀點追溯台灣百年來的司法通譯制度；第三章分析法庭口譯不同於會議口譯的主體性問題；第四章至第五章分析在不同法律制度下，法律專業術語的翻譯及法律語言的歧義性與模糊性問題；第六章轉而從古典修辭學如西塞羅所提出之法庭言說者的特質及五大技能，觀照現代法庭口譯者該有的特質及技能；第七章談到台灣法官判決文的翻譯問題；第八章提出視譯法律契約該注意之處及一般翻譯技巧；第九章整理東、西方司法通譯專業倫理；第十章為實務演練，從改編的法庭語料中提出對話口譯的原則，示範如何查詢法學資料庫及專業術語，此章第四部分並且模擬台灣警察局及法庭辦案的語境，提醒通譯翻譯時該有的技巧，同

Preface

This book provides a comprehensive introduction to the theory and practice of court interpreting in Taiwan. Its ten chapters are the crystallization of my many years of research, teaching (including National Taiwan University, the Judges Academy, and the Prosecutor's office) and experience as a court interpreter. The theoretical sections cover both interpreting and written translation, especially the translation of legal technical terminology and vagueness in legal language, and will thus also be of interest to readers engaged in legal translation. While this book is primarily intended for judicial interpreters working in various languages, it will also be of benefit to others working in the legal field, and conference interpreters will also find it useful.

While each topic covered in this book may seem independent, a close reading will reveal their underlying connections. Chapter 1 presents the background, legal basis, and function of court interpreting in Taiwan; Chapter 2 traces the historical development of court interpreting in Taiwan during the past century; Chapter 3 focuses on the subjectivity of the court interpreter and the distinction between court interpreting and conference interpreting; Chapters 4 and 5 cover the translation of legal terminology in different legal systems and ambiguity and vagueness in legal language; Chapter 6 consists of a discussion of classical rhetoric, including Cicero's ideas on the distinguishing characteristics and five functions of legal discourse, and how these relate to contemporary court interpretation; Chapter 7 covers the translation of legal judgements made in Taiwan; Chapter 8 presents the main points to be attended to by a court interpreter when making a sight translation of a contract; Chapter 9 covers the professional ethics of court interpretation in the East and West; Chapter 10 presents the principles of dialogue interpretation based on a revised corpus of court documents, and consists of such practical exercises as using legal studies data bases and searching for technical terms. The fourth section of this chapter simulates the linguistic environment of the courtroom and police

時對照美國法庭警察局的對話語料（改編自Holly Mikkelson
為美國司法通譯設計的教材）。本書宏觀與微觀兼具，涵蓋
了通譯史、語言研究、口、筆譯理論及法庭口譯實踐技巧，
完整地樹立法庭口譯作為翻譯研究的新興學科。

　　台灣法官學院與高等法院近年來定期訓練司法通譯，顯
示公家部門對這個學術及工作領域的重視，然而目前台灣專
門探討法律翻譯的書籍多為法律筆譯專書，少數法庭口譯的
專書多為外文或乃香港、大陸出版，書內述及的法庭場景及
法律條文盡是台灣以外的狀況，與台灣現實狀況差距很大，
由於法律制度及司法體系乃一國文化及社會產物，台灣亦曾
有一段被殖民的歷史，法庭口譯發展自不同其他國家，本專
書的撰寫與完成可以與西方Mikkelson之「法庭口譯」一書互
為補充。

　　此書的構想約有三年，寫作期間不斷受到台師大翻譯所
前所長廖柏森教授的鼓勵，我學習法律的啟蒙者，也是我博
士班的指導教授李憲榮老師的扶攜，現任台師大翻譯所所長
陳子瑋教授賜予許多講授通譯技巧的機會，彰師大翻譯所賴
秉彥教授，以及大同大學應用外語系謝富惠教授在學術路上
的諸多指點，以及目前我在政大法學院進修指導教授陳惠馨
老師與法學院副院長許政賢老師的勉勵，最後這幾個月終於
有機會全力衝刺將此書付諸實現。這幾年來身兼多職於一
身，支撐筆者的是一種對學術研究的熱情及提升社會正義的
使命感，希望此書的出版影響更多關心台灣司法及法律口、

station in Taiwan, as a way of highlighting the skills essential for providing interpretation and translation in these settings. Appended to this chapter is a corpus of dialogues from American courtrooms, compiled by Holly Mikkelson as training material for judicial interpreters in America, which readers will find helpful while working on the exercises. By thus taking both a macrocosmic and microcosmic approach in covering such topics as linguistics, the history of interpretation, the theory of translation and interpretation, and the practical skills of courtroom interpretation, this book is intended to establish courtroom interpreting as a new specialization within the field of translation studies.

In recent years Taiwan's High Court and Judges Academy have held training courses for court interpreters at regular intervals, indicating that the public sector is beginning to give greater importance to this emerging field. Be that as it may, presently most of the books on legal translation available in Taiwan focus on written translation; of those that do cover court interpreting, most are either in a foreign language or published in Hong Kong or mainland China, and thus have limited applicability to Taiwan. Inasmuch as each nation's legal and judicial systems are products of its culture and society, it should be kept in mind that the Japanese colonial period has had a major impact on the development of court interpretation in Taiwan. Overall, this book is meant to serve as a Taiwanese companion volume to Mikkelson's *Introduction to Court Interpreting*, which covers the same topic from a Western perspective.

During the three years I've worked on this book I've received much encouragement from Liao Posen, the former chairman of the Graduate Institute of Translation and Interpretation at National Taiwan Normal University. I'd also like to thank my Ph.D. advisor, Shane Lee, who initiated me into the world of legal translation; Chen Tze-wei, the current chairman of the Graduate Institute of Translation and Interpretation at National Taiwan Normal University, for providing me with lots of opportunities to teach interpretation; and Professor Lai Bing-yan of the Graduate Institute of Translation and Interpretation at National Changhua University of Education and professor

筆譯的人士，體認到作為一個稱職的法庭口譯對台灣司法的影響與重要性。除此之外，最需要感激我的先生伯仁與愛兒瑞當、瑞元，感謝家人讓我可以心無旁騖專心於我熱愛的教學、研究與著書。最後，謹用我擔任通譯期間的兩則工作札記兼反思作為本自序的結尾：

2013/8/1

這一星期幾乎天天去法院報到。今天早上在路上有點倦意，可是一下計程車，踏進高等法院門口，把皮包交給法警進行掃描檢驗時，我的精神又突然振奮起來。坐在法庭外準備開庭時，我拼命複習今天有關石英開採的地質名詞及證券交易違法的法律術語，進場後連續為兩名地質學家翻譯長達三小時。

九點半在法庭外準備開庭，一點半才結束踏出高院門口，法庭口譯真的需要大量的能量與體力！

2011/11/15

今天得跑法院偵查庭。在走廊等待許久，知道那一群摻雜外國人的男女應是我等一下要口譯的對象。因為無法作庭外的交談，只得大大豎起耳朵，偷聽他們的談話主題，以便進場後馬上進入狀況。看見外國人手上拿著一大疊保險資料，我腦袋的專有名詞庫存開始努力搜尋有關保險理賠的部分……。審訊完畢後檢察官跟我說，其實她能聽、講英文，但由於國家司法的尊嚴，必須由口譯員當橋樑。回家的路上

Xie Fu-Hui who teaches linguistics at Dept. of Applied English of Tatung University. for providing an abundance of academic guidance. Also, a word of thanks is due to Professor Chen Hwei-syin, currently my main instructor and professor Xu Zheng-Xian of the College of Law at National Chengchi University. The encouragement of the above people over the past few months has been instrumental in bringing this project to a successful conclusion. While concurrently holding several positions over the past few years, what's kept me going has been my zeal for academic research and my sense of mission concerning social justice. I hope that the publication of this book will help all those concerned with Taiwan's judiciary gain a greater appreciation of the importance to the judicial system of high-quality interpretation. Finally, thanks are due to my husband, Boren, and children, Ruidang and Ruiyuan, whose support and understanding have allowed me to remain focused on my teaching, research, and writing. I conclude this preface with two entries from my interpreter's diary:

August 1, 2013

For the whole week I have reported to the court almost every day. I was kind of listless on the way to the court this morning. However, after I got out of taxi, a flow of energy suddenly filled my body as soon as I stepped into the entrance and turned in my handbag to the bailiff for scanning test. When I was sitting outside the courtroom, I desperately reviewed the legal terms of mineral exploitation and the legal terms of the securities trading law. It was a three-hour interpretation for two geologists from 9:30 in the morning to 13:30 in the afternoon. Court interpreters really need a lot of energy and strength!

November 15, 2011

Today I spent a lot of time waiting in the hallway, and since conversation is not allowed, all I could do was watch and listen. Seeing a foreigner carrying a stack of insurance materials, I decided to make a mental review of all the technical terms I could remember on the topic of insurance settlements. After the hearing concluded, the prosecuting attorney told me that she understood

我不斷想著檢察官對我講的話：「由於國家司法的尊嚴，必須由口譯員當橋樑⋯⋯」，瞭解到在法庭中我代表著國家尊嚴，我的心頓時嚴肅起來⋯⋯

陳雅齡
謹識於林口 2017.11

English, but to uphold the dignity of the judiciary, it's necessary to use an interpreter. Knowing that today I was in court to uphold the nation's dignity gave me a sense of solemnity···

Yaling Chen

at Linko,

2017.11

目錄 CONTENTS

理論篇

目錄 CONTENTS

實踐篇

第一章　法庭口譯概說

壹、前言

　　若說20世紀是以「會議口譯」研究爲主的世紀，那麼21世紀就是「社區口譯」（community interpreting）活動與研究大放異彩且受矚目的世紀。「法庭口譯」（court interpreting）是「社區口譯」中極爲重要的一環，依照Mikkelson（1996, pp. 126-127）的定義，社區口譯乃社區居民在日常生活中所需要的口譯事務；而Pöchhacker（1999, pp. 126-127）則定義社區口譯爲主流社會爲次文化社群所從事的口譯服務。綜合這兩個定義，社區口譯可說是主流社會爲次文化社群解決生活上面臨的問題，所進行的語言服務。但是何謂主流社會？何謂次文化社群？舉個發生在國外的例子：28年前（1989）在美國阿拉斯加州發生一件雙屍案。一位台灣移民去的廚師，名爲左明新，被控殺害他所打工餐館的美國老闆與老闆2歲女兒，左明新因爲語言文化隔閡、不瞭解美國司法審判程序，未能清楚替自己陳述且在法庭上大鬧，最終遭法官判刑198年，這即是一個次文化社群在主流社會的語言隔閡事件，圖1-1爲當時左明新被捕的地方報導：

November 8, 1989

Daily Sitka Sentinel from Sitka, Alaska · Page 9

Publica... Daily Sitka Sentinel ⓘ

Location: Sitka, Alaska

Issue D... Wednesday, November 8, 1989

Page:　　Page 9

圖1-1　當時有關左明新被逮捕的地方報導[1]

　　第二個例子發生在2015年8月底的台灣屏東，一名印尼漁工Supriyanto在遠洋漁船上死亡，死亡時距離出航才三個月，屏東地檢署在二個月內快速結案。此事件曾受到國內外極大關注，因爲從國際媒體BBC、印尼地方媒體，到台灣監察院跟勞工團體，都察覺事有蹊蹺，主因是檢察署請來的印尼通譯據說聽不懂Supiyanto生前爲自己陳述之影片中的某些字句，事後重啓調查，發現那些話是爪哇語，且爲案件的關鍵，可見通譯責任之重要（見圖1-2）。

　　以上爲了協助調查語言不通人士生活問題而請來的翻譯人員，便是一種社區口譯服務。司法通譯（或說法庭口譯）乃社區口譯中非常重要的類型，從事此服務者便稱之法庭口譯者或司法通譯或通譯。

---

[1]　2017/10/7 https://www.newspapers.com/newspage/11655355/。

印尼漁工疑遭虐死　法務部：屏東地檢署已重啟偵辦

2016/12/19 18:18:00　　　🖨友善列印　　　💬加入好友　👍讚 13　G+　A-　A　A+

記者潘千詩 / 台北報導

去年9月爆發的印尼漁工疑遭虐死案，被屏東地檢署依無他殺事實簽結，卻遭到監察委員發現，檢方在畫面查證上，對漁工的爪哇語對話翻譯，居然粗略處理，沒有釐清影片內容，檢方被質疑有辦案疏失，今（19）日的立法院上，有立委就質詢要法務部說明該如何處置。法務部傍晚回應表示，屏東地檢署已立即於今年11月17日分案，且積極偵辦中，並已委請高等法院檢察署轉知各檢察署檢察長、主任檢察官應盡善盡督導之責。

法務部表示，已積極強化現職特約通譯的職能，確保傳譯品質，高檢署及其分署聘任的印尼語特約通譯計16人，仍將繼續尋覓相關外語（包含特殊方言）人才，充實資料庫，以供實務所需，俾保障人權。另如本案爪哇語之特殊方言部分，檢察機關於偵辦案件遇有特殊通譯需求時，亦將連繫相關駐臺代表處或有公信力的團體協助提供通曉特殊方言之在臺人士名單到

圖1-2　印尼漁工遭虐死後來被地檢署重啟調查[2]

　　根據台灣內政部資料，這幾年來外籍人士入境與居留人數逐年提高，台灣各個社區為滿足這些新住民的需要，提供了包括醫療、戶政、就業及法律資訊社區服務（見本章附錄1-1與1-2）[3]，法庭或律師受理外籍人士的案件相形增多。公部門不斷地向外界反映各語種的通譯需求[4]，由於通譯表現間接影響法官對案件的理解進而援用法律，故不論東、西方國家對於不斷提高翻譯服務品質的期望至為殷切，相關的研究也愈來愈受到學界重視。由於訴訟當事者可能來自社會各階層，教育背景及身心狀況不一，口譯者自然須加強不同於會議口譯者的訓練。過往偏重會議口譯的研究與訓練已不敷使用，我們需要進一步瞭解現代社會中口譯活動的性質。以下簡述法庭口譯的起源、各國保障口譯服務的人權法案及法源基礎、法庭

2　2017/10/7 http://www.setn.com/News.aspx?NewsID=208698。

3　2017/10/1 http://statis.moi.gov.tw/micst/stmain.jsp?sys=100; http://sowf.moi.gov.tw/stat/week/list.htm。

4　2017/10/1 https://udn.com/news/story/7314/2196338; https://udn.com/news/story/9/2195980。

口譯別於會議口譯的對話性質，以及法庭口譯的原則，這些討論可瞭解何謂法庭口譯的基本面向。

貳、法庭口譯的起源

法庭口譯成為今日專業活動的歷史源遠流長。記載最早可以追溯到17世紀在南非介於殖民者及被殖民者的口譯活動（Mikkelson, 2000）。口譯究竟是什麼？口譯（interpret）一詞是從拉丁文的「intepretari」來的，是「解釋」、「闡述」（to explain, to expound）的意思，從事口譯的人被視為一位「談判者」、「辯解者」（negotiator, explainer），與筆譯工作者不同，筆譯為文本的產出，口譯則強調口語輸出。據中國歷史記載，夏商時期（約公元前21世紀）的外交活動就有語言媒介的參與，中文語料有「象胥」一詞，即古代對翻譯官的稱呼，《禮記正義》記載：「譯，陳也，謂陳說外內之言」。翻譯者於公部門中一般稱為「通譯」或「通事」，明朝《明律》規定「……通事傳譯番語不以實對，致罪有出入者，證佐人減罪人罪二等……通事與同罪。」[5]可見，中國古代通事翻譯錯誤會遭受跟犯人一樣的處罰。在西方，若公元前三世紀至前二世紀期間，由72名猶太學者在埃及亞歷山大城翻譯的舊約聖經希臘語譯本《七十士譯本》（Septuagint）代表文字紀錄之筆譯作品的問世，口譯活動可往上推測至文字出現前巴別塔（Babel Tower）的坍塌（圖1-3）。古埃及法老（Pharaoh）時代的寺廟及墓碑曾刻有囚犯向埃及朝廷卑躬屈膝的景象，爾後西方世界各地民族經戰爭、貿易、祭祀與異族通婚等，出現更多跨語際、跨部落的溝通行為（任文，2010）。

---

[5] 截取2017/9/22北京法院網 http://bjgy.chinacourt.org/article/detail/2013/04/id/939268.shtml。

圖1-3　舊約聖經描述人類想造通天塔，上帝不准，故把人類語言弄亂，人類
　　　　從此講不同語言[6]

　　西方正式使用口譯出現在15世紀美洲的西班牙人殖民時期，
17世紀南非的口譯者常常介於殖民者與當地居民之間。據米克爾森
（Mikkelson, 2000）對早期西方法庭口譯的考察，英國的司法史在
1680至1820年之間記載口譯員參與司法審判，當時法庭決定誰需
要口譯員是以「階級」（class）來衡量誰較有資格，而非語言弱勢
族群（見圖1-4）。有個有關卡洛琳皇后（Queen Caroline）的審判
案件，當時派來的口譯不僅翻譯語言，並且解釋之間文化差異；另
外，有名的西方諺語「翻譯者即背叛者」（Translator, traitor），
描述了「瑪麗亞夫人」（La Malinche, c.1496 or c.1501-c. 1529）

6　　16世紀老彼得・布呂赫爾（Pieter Bruegel the Elder, 1526/1530-1569）所繪。參照
　　　https://zh.wikipedia.org/wiki/%E5%B7%B4%E5%88%A5%E5%A1%94。

圖1-4 英國19世紀初於倫敦刑事法院（俗稱Old Bailey）的審判情景[7]

扮演翻譯及調解角色的故事。「瑪麗亞夫人」在墨西哥征服戰役
（the Conquest of Mexico）期間，幫助敵人反抗自己族人，立場
相當矛盾，後來她的族人便以「Translator, traitor」來形容她的角
色。

　　20世紀兩次世界大戰後，外交談判及國際會議蓬勃，會議口
譯成為一種正式的口譯活動，1920年代以前，西方世界的共通語
言是法語，兩次大戰後美國勢力壯大，英語才成為國際語言之一。
為培養高水準的會議傳譯，各種教育與訓練應運而生，會議口譯研
究體裁多元，有從認知心理學、外語教學，或從神經科學等探討
口譯員的表現及身處口譯包廂的壓力，而同步口譯乃是會議口譯最

---

7 2017/9/22 https://commons.wikimedia.org/w/index.php?curid=566832。由Thomas
　Rowlandson and Augustus Pugin所繪。Ackermann, Rudolph; Pyne, William Henry;
　Combe, William (1904) [1808] "Old Bailey" in The Microcosm of London: or, London
　in Miniature, Volume 2, London: Methuen and Company Retrieved on 9 January 2009.

具挑戰性的工作型態。進入21世紀，會議口譯性質以外的口譯活動逐漸受到重視，歌宗尼與維埃奇（Giuliana Garzone & Maurizio Viezzi）於2000年義大利舉辦的第一屆口譯研究大會（The First Forli Conference on Interpreting Studies）咸認為，口譯研究應突破過去獨厚會議口譯的里程碑。會後論文集提到，除了會議口譯之外，醫療口譯、隨行口譯、商務口譯與法庭口譯等活動向來也都存在，但在研究上卻長期被忽略。隨著全球化的發展，這些口譯活動急需研究者的關注，才能拓展並深化口譯研究的全幅面貌。

　　法庭口譯屬於法律口譯（legal interpreting）領域非常重要的一種，法律口譯包括所有涉及法律服務領域的口譯活動，與法律筆譯一樣可區分為權威性翻譯（如判決書口譯）和非權威性翻譯（包括庭外採證、起訴事實及證人證詞的翻譯）；從活動種類來看，可包括警察問訊（如對難民的問話）、律師與當事人討論、庭外採證、法庭審判程序（包括民事或刑事）的口譯服務等。其中法庭審判程序包括的人數較多，有法官、檢察官、律師、雙方當事人及證人等，口譯員可能參與準備程序、證人作證、證物勘驗、法庭言詞辯論及判決宣布等訴訟程序（圖1-5）。現代國家以人權考量，涉外案件多有口譯員在場，有些國家的法院甚至提供專業訓練與認證，法律口譯，特別是法庭口譯愈來愈受到重視，一般被看作法律口譯的核心部分，具有較高的難度，也是本章討論的重點。

圖1-5　法庭審判程序參與人數較多，是本書討論的核心[8]

參、法庭口譯的功能

　　歷史上首次正式僱用大量法庭口譯員，應屬二次大戰後同盟國對德國21名納粹戰犯所進行的紐倫堡大審，當時涉及5種不同語言，必須採用同步口譯的設備，法庭成立了36人組成的口譯小組，每組12人。因為庭審現場的隔音效果不佳，所以翻譯員最初被安排在庭審的隔壁房間，但翻譯員看不清庭審現場情況，導致翻譯不能同步，經過協商，將同聲傳譯安排在會場的最後面，形成了現在會議同傳常見的座位設置，保障法庭口譯服務的法源也從這時候開始（圖1-6）。

8　2017/10/7 https://www.youtube.com/watch?v=FS31jAvhMSA。

圖1-6　二次大戰後紐倫堡審判採用法庭口譯的情景

資料來源：Gaiba, 1998, p. 63。

　　聯合國於1948年宣布《世界人權宣言》，宣言內明載法律之前人人平等，此宣言後來被翻譯成多種語言，據說是被翻譯最多次的國際文件。另外，聯合國於1966年再通過《公民與政治權力國際公約》（International Covenant on Civil & Political Rights），公約第14條第3項規定：「審判刑事罪名時，被告一律有權平等享受下列最低限度之保障：第1款：迅即以其通曉之語言，詳細告知被控罪名及案由；第2款：給予充分之時間及便利以準備答辯，並與其選任之辯護人聯絡。……第6款：如不通曉或不能使用法院所用之語言，應免費為備通譯協助之。」[9]美國在1978年通過《聯邦法院口譯法案》（The Federal Court Interpreter Act），目的在於確保母語非為英語之訴訟參與者的權利[10]；歐洲國家也召開人權會議，

---

[9]　參照2017/9/22司法院法規查詢人權專區http://jirs.judicial.gov.tw/FLAW/FLAWDAT01.asp?lsid=FL017744。關於本公約有兩種中文譯本，請參考書末附錄10-6。

[10]　參照2017/9/22國際會議口譯員協會（AIIC）官網https://aiic.net/page/6595/court-

制定人權公約[11]，規定當事人若聽不懂法官、檢察官、律師，或其他人的語言，有權要求以他能懂的語言來瞭解起訴的本質與緣由。法律口譯，特別是在法庭或警察局的口譯，逐漸成為一項專業性質的工作。

因應世界人權公約的通過，台灣司法界開始注重有關法庭口譯的規定，國內刑事訴訟法第99條：「被告為聾或啞或語言不通者，得用通譯，並得以文字訊問或命以文字陳述。」再依照台灣法院組織法第98條亦規定：「訴訟當事人、證人、鑑定人及其他有關係之人，如有不通曉國語者，由通譯傳譯之。」透過口譯，當事人才可清楚理解整體訴訟程序和相關法律規定。譯者的角色定位與即時翻譯能力，在在影響當事人能否獲得公平之審判。另外，刑事訴訟法第93-1條第5項規定：「於被告或犯罪嫌疑人已選任辯護人時，等候辯護人的時間不得逾四小時」；而第6款規定：「被告或犯罪嫌疑人須由通譯傳譯時，等候時間不得逾六小時」。除此之外，國內刑法第168條還有偽證罪的規定：「於執行審判職務之公署審判時或於檢察官偵查時，證人、鑑定人、通譯於案情有重要關係之事項，供前或供後具結，而為虛偽陳述者，處七年以下有期徒刑。」[12]以上這些國內外的法律條文皆顯示出各國對人權的重視及審判中通譯角色的關鍵性。通譯制度的健全與否，是國際社會觀察一國是否積極保障人權的重要指標。[13]

---

interpreting-in-te-united-states-revisited/lang/1。

11　參照2017/9/22歐洲人權公約https://zh.wikipedia.org/wiki/%E6%AD%90%E6%B4%B2%E4%BA%BA%E6%AC%8A%E5%85%AC%E7%B4%84。

12　以上這些國內法律條文請參考全國法規資料庫http://law.moj.gov.tw/Law/LawSearchLaw.aspx。

13　根據台灣「中華人權協會」2010年度司法人權指標調查，「司法人權」是人民向司法機關請求保障其他人權的人權，它是比其他人權更基本、更重要的「基礎人權」。司法人權包含的範圍很廣，除了人民可以向司法機關或法院「陳訴」的權利之外，也包含保障人民在向司法機關尋求正義的過程沒有遲延或不妥當，以及最後所獲得的正義確實及有效。完整的司法通譯制度保障外籍人士公平受審因而變得極為重要。參照：http://cpyrlee.pixnet.net/blog/post/217094921。

肆、法庭口譯的翻譯原則

一、準確性

　　法律翻譯中不論是口譯或筆譯活動皆是法律機制下的一種語言交際行為。在從事法律翻譯時，我們應努力瞭解翻譯背後的法律意旨，實際操作時須兼顧法律效力的對等與語言的對等，甚至將法律效力對等的重要性放在語言對等之上。由於法庭場景的嚴肅性與雙方利害性質，法官、檢察官、律師等都希望儘可能當作沒有口譯員的存在，能將對方所說的話聽得清清楚楚，沒有任何語言文化的隔閡。另外，中文常有一些同音詞，但意義非常不一樣，如權力（power）與權利（right）、申請與聲請，這類同音詞在法庭上常常同時出現，中文表達僅一字之差，法律意義卻差之千里。又假如法官問被告：「你想過砍殺大腿內側會致死嗎？」，通譯翻譯成：「你想砍殺大腿內側會致死嗎？」，將過去式翻譯成現在式，使被告回答「Yes」，法官可能會認定被告有殺人致死的意旨，但其實被告是接受偵訊時從檢察官那裡得知被害人因大量出血而死，才知道大腿動脈被砍斷也會致死的。現在式意謂他的看法，過去式意謂他有無做這件事，口譯員必須注意時態表達的正確性。

　　法律語言有法律腔（legalese），對於非法律人難免陌生，又法庭的對話，強調一字不漏，每個字或訊息對法官或檢察官都可能是辦案的線索。另一方面，口譯者不能過於追求演講效果或翻譯的「通順」原則，一般而言，「順」應該包含兩個含義：第一個是指語音語調標準，語流和語速接近正常說話，讓人覺得悅耳；第二是指譯語通順自然，符合表達習慣不帶翻譯腔。在法庭上，口譯員需要注意發言人說話的不悅耳或不流利，儘量保持譯語的內容和形式與原語一致，應當降低對第一個「順」的要求；再者，為了確保「準確」的大前提，在譯文可理解及沒有明顯語法錯誤的基礎上，應當允許一定量的不符合漢語表達習慣的翻譯腔存在，即降低對第二個「順」的要求。

二、目的性

　　法庭口譯服務的意旨包括宏觀與微觀兩方面，宏觀的意旨應是在人權的基礎上，努力達到完整公平的審判及對待；微觀方面，譬如調解室、準備庭、審理庭及偵查庭，因為程序和參與人士都不大一樣，口譯服務需注意的細節不同。調解室較為吵雜、準備庭通常比審理庭時間短、審理庭的言詞辯論時間容易拖的很長，參與人士比較多；偵查庭則不公開，禁止有旁聽民眾。如20世紀德國翻譯功能學派強調，翻譯是一種行動，任何行動皆有目的，行動導致某種結果，會改變某種情況或讓某種事件發生。以下列舉三種通譯所收到的傳票，各為偵查庭、調查庭及調解室，說明法庭口譯視服務地點不同，口譯活動的微觀性質也稍有不同（圖1-7）。

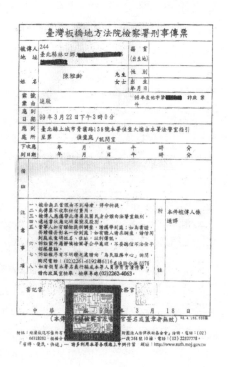

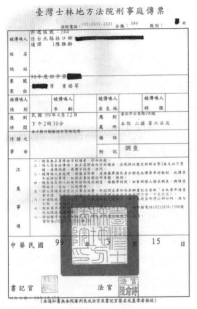

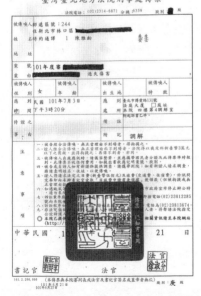

圖1-7 司法通譯收到的各式傳票，服務場域及傳譯細節皆有不同

三、讓對方聽懂

　　法庭上並非僅一人在講話，在場的法官、檢察官、律師及各當事人的背景不一，口譯者特別需要注意法庭上多人對話中個別音調、語氣的流動性與轉換。不但是個別音調、語氣的流動性與轉換，口譯者爲不同文化、不同語言的當事者作面對面的溝通，很多情況下，當事者與口譯者分屬不同社會階層（social class），講話所表現的風格因此會有所差異。赫爾（Sandra Hale, 1997）便注意到，口譯員在爲法官、檢察官翻譯被告所陳述之事情，會將語言層次（register）提高，若是反過來把法官或檢察官所說事情翻譯給被告聽，則有降低語言層次的現象。舉例來說，法官諭知被告「米蘭達權利」[14]，常見到外籍被告因教育水準及背景不一，不見得聽得懂法官的話，這時通譯可能要用較淺顯的話加以補充說明。檢察官在法庭上陳訴犯罪事實的風格又和法官講話不太一樣：「上訴人在掐住女嬰的脖子時，即有殺人之故意。因此，雖然在上訴人掐女嬰的脖子後，女嬰尚未因此行爲而死亡，但上訴人將女嬰丟至橋下，乃因上訴人當時之認知狀態即爲女嬰因本身之掐脖動作而死亡，而打算棄屍，爾後也確實造成女嬰死亡之結果。因此不可否認上訴人確有殺人之犯意。」所謂「殺人之犯意」當事人不見得能理解。在法庭上當事人說話還可能受到情緒影響，通譯需認眞理解再翻給在場人聽，如：「還要跟我先生一起去法院開庭喔？可以不要嗎？爲什麼啊？這樣他不是會更生氣嗎？我就是不想讓他更生氣，這樣我會被他打死啦！他會把我趕出門啊！」以上看來，法官說話較文謅謅，檢察官講話摻有不少法律用語，當事人因背景與情緒因素，說話可能有不少語助詞，這些都需要考慮再進行翻譯。

---

[14] 米蘭達權利（Miranda Rights）起源於美國，在世界各地有其適用版本，在台灣法庭偵查庭或警察局，一般爲：「你有保持沉默的權利，你所說的或做的都可以在法庭上造成不利你的證據。你有權請律師爲你說話，如果你請不起律師，法庭將任命一位給你。最後，你有權利要求法院調查你認爲有必要的證據。你瞭解這些權利嗎？」。

伍、結論

以上觀之，法庭口譯主要是服務司法，幫助法官、檢察官等發現事情眞相，但很多時候需要在庭外等待，審理案件也不是一次就能解決，因此從事法庭口譯需要一顆熱忱的心，又法庭口譯通常是在幫忙語言不通、身處異地的次文化人士，司法通譯的同理心不可欠缺，要嚴格遵守通譯專業倫理、保持中立立場，公正詳實地以自身的語言能力在法庭上服務。設想嫌疑人一旦語言有隔閡，再加上身處異鄉的心理因素，可能無法清楚說明事實，法官、檢察官便難以查出原委，更嚴重可能導致法律援用錯誤，進而做出錯誤判決。前述左明新案的律師們仔細檢視左明新的判決書後，認爲多少有文化隔閡及語言不通的因素在內；而印尼漁工Supiyanto疑在台灣遭虐死，檢調單位卻快速結案。從這兩個案件，我們可學習到未來司法單位對通譯的安排應更爲小心、愼重。

附錄1-1　內政部統計查詢網（106/9/29）

	外國人	
單位：人次		入境人數
	入境地點總計	
95年	2,855,629	
96年	2,988,815	
97年	2,962,536	
98年	2,770,082	
99年	3,235,477	
100年	3,588,727	
101年	3,831,635	
102年	4,095,599	
103年	4,687,048	
104年	4,883,047	
105年	5,703,020	

資料來源：http://statis.moi.gov.tw/micst/stmain.jsp?sys=100。

附錄1-2　內政部統計通報：105年移民照顧輔導成果統計（106年3月發布）

服務項目	101年	102年	103年	104年	105年	較104年增減(%)
一、外來人士在臺生活諮詢服務熱線（件）	61,208	58,181	51,270	51,037	54,070	5.94
二、各縣市服務站服務成果						
（一）服務人次（人次）	28,158	31,825	48,442	50,111	46,168	-7.87
1.現場服務	14,621	14,961	21,367	22,342	19,203	-14.05
2.電話服務	13,537	16,864	27,075	27,769	26,965	-2.90
（二）諮詢服務項目（人項次）①	29,964	38,589	64,884	65,834	66,222	0.59
1.居留定居	18,545	20,278	34,878	40,591	39,071	-3.74
2.就業服務	2,547	2,498	3,535	6,362	3,997	-37.17
3.人身安全	421	1,187	1,645	1,749	1,558	-10.92
4.福利服務	2,925	5,757	7,660	6,751	8,491	25.77
5.醫療衛生	1,977	3,250	4,332	3,215	5,659	76.02
6.子女教養	203	504	488	959	730	-23.88
7.家庭關係	603	919	900	1,318	1,268	-3.79
8.法律資訊	716	1,238	1,098	1,748	1,499	-14.24
9.其他	2,027	2,958	10,348	3,141	3,949	25.72
（三）轉介服務（人次）	599	861	932	868	787	-9.33
1.外配家庭中心	338	473	276	326	333	2.15
2.社福中心	30	25	17	15	10	-33.33
3.家暴中心	99	81	55	56	39	-30.36
4.衛生保健機構	11	9	89	57	101	77.19
5.勞政機構	12	61	243	167	118	-29.34
6.民間團體	34	85	101	104	76	-26.92
7.其他單位	75	127	151	143	110	-23.08
（四）關懷訪視（人次）	17,695	20,005	19,736	19,844	20,967	5.66
1.電話關懷	16,820	17,491	18,242	18,485	20,129	8.89
2.家庭訪視	875	2,514	1,494	1,359	838	-38.34
外來人口居留人數（人）	547,726	586,646	698,955	709,090	740,771	4.47

資料來源：本部移民署。

說　　明：①諮詢服務項目（人項次）可複選。

資料來源：http://sowf.moi.gov.tw/stat/week/list.htm。

第二章　台灣司法通譯簡史

壹、前言

　　2015年9月爆發印尼漁工Supriyanto疑遭虐死的消息，屏東地檢署所聘請的通譯，因不懂Supriyanto的家鄉話（爪哇語）造成此案件的誤判，顯示現行台灣司法通譯制度仍有很大的改善空間。回顧近幾年來台灣新移民增多，司法通譯的需求隨之增高，發展急遽。2010年司改會與「司法要專業推動聯盟」的社團夥伴們針對通譯問題，向監察院提出陳訴，並對法務部提出糾正案。對此，監察委員沈美眞、李炳南、楊美鈴於2012年公布了《司法通譯案調查報告》，之後相關單位確有回應並修改許多相關規定。此400頁報告對現代社會具有指標性的意義，顯示台灣法庭口譯從臨時性的社區服務，轉變成一種對司法審判具影響力的專業性工作，法庭口譯正式成為一門學科。而任何一門學科都必須要有史觀的建立，但近幾年在台灣法庭口譯相關研究都較偏實證研究（如Chang, 2013; Chang, 2016）或一般論述（如陳雅齡、廖柏森，2013；戴羽君，2002等），歷史性的探討付之闕如，這便是筆者從法制史角度撰寫本文的原因。

　　追溯台灣通譯的歷史，通譯古稱「通事」，他的職責是在準確的基礎上，以口語或書面方式將一種語言轉換為另一種語言。中國歷史上自有通譯文獻記載以來，通譯翻譯不實常與證人作偽證相提並論。唐律《詐偽律》規定：「諸證不言情，及譯人詐偽，致罪有出入者，證人減二等，譯人與同罪」。《唐律疏議詐偽》進一步說明有關「證不言情」和「譯人作偽」的規定：證人和翻譯人員作偽

證導致定罪有出入的，按照連坐的原則處罰，證人按其所出入的刑罰減二等處罰，翻譯人員按其所出入的刑罰處罰[1]，由此可見，舊時通譯所言不實甚至比證人作偽證更嚴重。清末偽證罪主體擴大，增加了鑑定人及所謂「通譯」，《大清新刑律》之偽證罪包括兩項：一是指證人在司法機關或者行政公署做虛假之陳述，二是指鑑定人、通譯人在司法機關或者行政公署做虛假之鑑定通譯[2]，以上約莫是通譯不實在中國法制史的記載。以下第貳節以台灣爲主體，先回顧台灣早期的通譯活動，第參節開始爲本章的重點，討論國民黨撤退來台後司法通譯的立法歷程、司法實踐與社會反應，期盼鑑古知今，思索現行制度任何待改進之處。

貳、台灣當代以前的通譯活動

　　台灣的法政發展參考學者王泰升（2002，2006）的見解[3]，大概可分爲五個階段：一、早期（包括原住民自治時期、荷西治理時期及明鄭時期）；二、清治時期（1683-1895）；三、日據時期（1895-1945）；四、國民黨專政時期（1946-2000）與五、現今，本文將後兩個階段合稱爲「台灣當代」。

　　台灣早期的通譯俗稱通事，負責原住民與台灣人或殖民者間的溝通活動。1652年荷蘭人爲便於統治當時之原住民與少數漢人，在今天台南的赤崁設立政府機構，並附設市政法院，由兩個漢人頭家（被殖民者）及荷蘭人（殖民者）負責司法事務，頗具現代西方法院的雛形。荷治時期除了市政法院，地方上還與原住民定期召

1　截取自2017/4/14我國歷代關於偽證罪的立法沿革http://www.jinwen123.com/zhengfa/xingfa/563.html。

2　截取自2017/4/14我國歷代關於偽證罪的立法沿革http://www.jinwen123.com/zhengfa/xingfa/563.html。

3　見王泰升（2002）《台灣法的斷裂與連續》，台北：元照出版社；王泰升、薛化元、黃世杰（2006）《追尋台灣法律的足跡》，台北：五南出版社。

開統治集會，由原住民各村莊長老報告統治狀況（王泰升等人，2006，頁14-16）（圖2-1），由於各執不同語言，通事介入這些活動乃是理所當然。從法院雛形到戶外性的統治集會，這些大概是在台灣現代司法制度尚未建立以前，通譯的職責概況與活動場域。

圖2-1　原住民部落長老與荷蘭殖民者的統治會議[4]

　　清末民初，台灣司法制度開始確立，通譯或通事屬於半官府性質，若有需要會被傳喚進衙門，從淡新檔案看出通事列為參與人員之「其他」項目，如以下王泰升整理（圖2-2、圖2-3）：

4　王泰升、薛化元、黃世杰（2006），《追尋台灣法律的足跡》，台北：五南出版社，頁17。

淡新檔案簡要表

門　類　　　　　　　　　　　　　　案　案號　22510

具狀人：孟彭　年齡07　身份、性別 庠丘　籍貫 邵午　居所「地保·新瘠」

抱告：盒全　年齡16 身份　　　　與具狀人之關係

代書籍貫：承　丁　；淳 丁　；專

具狀人：劉作昇　年齡　身份、性別 庠丘　籍貫　　居所　（另兵引居訟

抱告：　　　年齡　身份　　　　與具狀人之關係

代書籍貫：承　　　；淳　　　；專

PS：蓋刻書人多盒文兆及抱告，才刊劉即所書另文人

被訴人：寮阿園　年齡27 身份、性別　　籍貫 閂黌　居所 巧九二條孟屈廣

抱告：　　　年齡　身份　　　　與具狀人之關係

代書籍貫：承　　　；淳　　；身份

被訴人：穩阿香　年齡60 身份、性別　　籍貫　　居所「（百餘里14 約作）

抱告：　　　年齡　身份　　　　與具狀人之關係

代書籍貫：承　　　；淳　　；身份

有關紛爭或犯罪類型之關鍵詞：爭界·審業·下成門　

案件發生時間：支8.7.22 ；地點　

訴訟期間：始點 支8 年 7 月 28 日；終點 支11 年 2 月 7 日

呈狀方式：期里　　日期　　；傳里　　日期　　；集　日期　

官府審理

受理狀況：

不受理（官方說法）：　　　

立即受理　✓　：侑差蓋影警究．

不立即受理

　不立即受理之原因（官方說法）：　　　

　要求先行調處：調處次數：　

　　調處人：A.公親·宗族尊長　　；B.總理　　；

　　　　　C.差役　　；D.正堂　；E.仕紳　　；

　　　　　F.媒約　　；G.中人　　；

　　　　　H.其他　　

　　調處人進行調處的順序　　　

　　催呈　　次始受理

參與人員

承辦官府人員

　三法司　　；刑部　　　；總督·巡撫　　；省　　；

　道·府　　　（縣）　；正堂：徐·彰　　　；

　縣承　　；巡檢　　；（縣、廳之正堂、縣丞及廳檢書其姓或姓名）

　件作　　；地保 ✓　；其他 佳乞 曲畫

　差役·換差　　；被指涉受賄　　；比差之有無　　；

民間人員

　總理　　；郊或聯號　　；公親　　；宗族尊長　　；

　地方仕紳　　；其他　　

其他：1、本案辭里時並不知敦人多項，且陸違交恢，偏官府緯域，

　　　　室呂事上処理．

　　2、路第一呈狀保追雨多，屋下·等審号陽振（外省），保府呂士地乞

　　　　，垃呑秀孝右聯乞一費．

　　3、底音此盒文兆 盒名（4）、下列所化番右衾．

　　4、美爭工地良保番業，故因多·番業户可诀入事業

　　5、「保」取人員各有吝名，有「德保」、「四保」、戰名史呈、「四四亦

　　　　有留名里呈．

圖2-2、2-3　清朝衙門審理案件將通譯列為參與人員其他項目，如案號22510
　　　　　　所示[5]

5　王泰升（1998），《從淡新檔案觀察清治台灣官府法律之運作》，台大法律系，
　　案號22510。

　　這時期來台的傳教士馬偕，在其台灣傳教回憶錄《福爾摩沙紀事》記載著：「大人由他的隨從護著坐轎子來到，進入衙門大廳坐正，右邊站著通事（翻譯官）。因爲是滿大人，從中國來的，就理該不懂得本地話，所以旁邊必得有個通事。而左右兩旁站著二排面相向的皂吏（巡兵），而近旁，有刑吏和劊子手。衙門裡常擠滿了訴訟人的親友和看熱鬧的人，沒有律師或法律顧問，也沒有陪審團，一切都由這位滿大人決定。他帶著『龍廷』的威儀，莊嚴的坐著，案子被稟報，而被告則卑屈可憐的跪在他的座位前。滿大人經由通事來審理被告（見圖2-4）[6]：

大人：『問他是否叫做林。』
通事：『大人在問你是否叫做林。』
被告：『小子叫做林。』
通事：『他叫做林。』
大人：『問他是否犯了被控訴的罪。』
通事：『大人問你是否犯了被控訴的罪。』
被告：『小子不敢犯下這種事。』

　　案子就這樣一問一譯一答的審下去，有時也會呼喚證人。」

6　林晚生（譯）（2007），馬偕（George Lesile Mackay）原著，《福爾摩沙紀事：馬偕台灣回憶錄》，台北：前衛出版社，頁98-99。

圖2-4　衙門經由通譯訊問被告[7]

　　到了日治時期，法庭編制內有了通譯人員，初期分正通譯與副通譯。正通譯通曉日語與北京話，負責與法官、檢察官溝通；副通譯通曉北京話與台灣地方語，與當事人溝通（許雪姬，2006）。通譯席位參考當時日本法庭是在法官下方，爲單獨坐位（如圖2-5）：

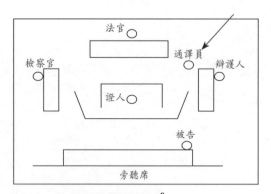

圖2-5　日治時期通譯位置圖[8]

7　2017/5/27 http://zh.wikipedia.org/wiki/%E8%A1%99%E9%96%80

8　梁文營（2009），《我國司法通譯制度之研究——與日本比較》，桃園：中央警察大學，頁74。

　　此時並出現了法庭內訓，因當時有民眾匿名投訴副通譯洩漏機密或是利用職權收取賄賂，該內訓提出通譯該有的生活規範（如圖2-6、圖2-7）：

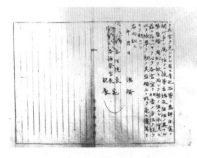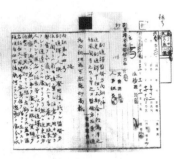

┃法院建置人員┃

對院長檢察長所發有關副通譯監督方法之內訓

按

內訓第五四號

如民政長官傳達，關於副口譯人員之人選及其任用後之監督方法，須以最審慎之方式，防止弊端於未然。然而近來不少地方，民眾匿名控訴副口譯人員洩漏機密，或利用其職務之便收取賄賂等罪行，雖匿名控訴及傳言等不宜輕信，但的確有部分官員上任不久即遭到免職，上述傳言實在令人關心。想或由於彼此在語言上及生活層面之差異，導致監督機制不甚完備而弊端叢生。因此，各機關宜設置適宜管道，鼓勵檢舉，以期於監督上無所遺漏。特此內訓。

　　年　月　日　　總督

　　　　各法院長閣下

　　　　各檢察官長閣下

　　　　親展

圖2-6、2-7　日治台灣總督府內訓54號（上）與後來台灣司法院的中文對照（下）[9]

9　司法院（2007）《百年司法——司法、歷史的人文對話》，台北：司法院，頁130。

值得一提的是，日治時期除積極培養一般人民成爲法庭通譯，也鼓勵地方警察努力學習台灣地方語，兼作司法通譯。根據劉惠璇（2010，頁90）研究，日本政府認爲：「警察職務執掌直接關係人民……故通曉台灣語有其必要且迫切。今日通譯生不足，若通曉台灣語予較高俸給，在各警察署分屬配置一名通譯，對工作會具建設性。偶而巡查中對台灣語熱心學習者，應多給報酬，找手當（按：指特別加班費）方式鼓勵警察人員學習台灣語」。警察學習台灣地方語，這也是今天台灣外事警察的由來，在正式推行特約通譯之前，外事警察也會視需要至法庭從事語言服務。

參、當代立法歷程

司法通譯進展至1945年以後，國民黨撤退來台，司法編制沿用日治時期的編制。由於當時法官、檢察官多講北京話，於是大量聘請通譯，其工作是翻譯北京話與台灣地方語，此階段法院組織法第98條明定：「訴訟當事人、證人、鑑定人及其他有關係之人，如有不通國語者，由通譯傳譯之，其爲聾啞之人，亦同。」另外，國內刑法第168條規定僞證罪，若通譯所言不實，將受與證人、鑑定人同罪之僞證罪處罰[10]。通譯在庭審開始前需朗讀結文並具結（如圖2-8），當時通譯任用辦法是根據公務人員普通考試之一般行政類科考試。

---

10 刑法第168條（僞證罪）：「於執行審判職務之公署審判時或於檢察官偵查時，證人、鑑定人、通譯於案情有重要關係之事項，供前或供後具結，而爲虛僞陳述者，處七年以下有期徒」，且在對岸中國，也有一樣的規定。

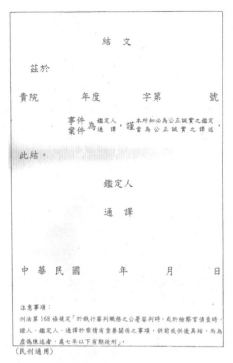

圖2-8　通譯結文[11]

　　隨著國際間對人權觀念之重視，2006年台灣司法院開始招募特約司法通譯。2009年馬政府簽訂了人權兩公約，隨後制定兩公約施行法，世界人權觀念，特別是審判時被告語言權的觀念，因而在台灣落實，同時期全球化的結果，外籍漁工、勞工、新住民的人數愈來愈多，法院受理之涉外案件逐年增多。2013年司法院參考西方各國如美國、英國、澳洲等，制定司法通譯倫理規範，此時距離日治時期所發布的通譯倫理內訓約已50年，從此有關法院通譯培訓課程都會包括此項科目。同年，即2013年制定使用通譯作業規定（附錄2-1）。法院特約通譯約聘辦法經2008、2014、2015年5月

11　此為台灣高等法院制式的通譯及鑑定人的法庭具結文。

8日幾次修訂（附錄2-2），總共17條，其中的第3條至第5條涵蓋通譯備選人的語種、語言資格及訓練課程。同年（2015）法院組織法有關通譯的條文大幅修訂，如第23條經修定爲：「地方法院因傳譯需要，應逐案約聘原住民族或其他各種語言之特約通譯；其約聘辦法，由司法院定之」；第98條亦修訂爲：「訴訟當事人、證人、鑑定人及其他有關係之人，如有不通曉國語者，由通譯傳譯之；其爲聽覺或語言障礙者，除由通譯傳譯外，並得依其選擇以文字訊問，或命以文字陳述」。比較新舊條文如下（圖2-9、圖2-10），右側暗底處爲新條文修正部分：[12]

圖2-9　法院組織法第23條新舊條文對照表

12　此對照表截取自2017/5/30 http://www.6law.idv.tw/6law/law/%E6%B3%95%E9%99%A2%E7%B5%84%E7%B9%94%E6%B3%95.htm。

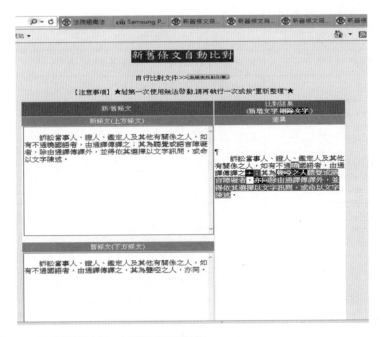

圖2-10　法院組織法第98條新舊條文對照

　　儘管法院組織法修訂納入了特約通譯，刑法、民法相關訴訟法卻隻字未改，如：民事訴訟法第207條（行政訴訟法準用之）（參與辯論人如不通中華民國語言，法院應用通譯；法官不通參與辯論人所用之方言者，亦同。參與辯論人如為聾、啞人，法院應用通譯。但亦得以文字發問或使其以文字陳述。關於鑑定人之規定，於前二項通譯準用之）、刑事訴訟法第99條（被告為聾或啞或語言不通者，得用通譯，並得以文字訊問或命以文字陳述），以及家事事件法第19條（當事人、證人、鑑定人及其他有關係之人，如有不通曉國語者，由通譯傳譯之；其為聽覺或語言障礙者，除由通譯傳譯之外，並得依其選擇以文字訊問，或命以文字陳述）。歸納這階段的立法沿革為以下（表2-1）：

表2-1　當代司法通譯制度的立法沿革

重要年代	重要事件
2006	台灣高等法院第一次招募特約通譯
2008	訂定特約通譯約聘辦法（全文16條）
2009	馬政府簽訂國際人權公約
2013/10/25	訂定頒布通譯倫理／訂定通譯作業規定
2014/10/15	第一次修定特約通譯約聘辦法（全文14條）
2015/2/4	法院組織法有關特約通譯部分修訂
2015/5/8	第二次修定特約通譯約聘辦法（全文17條）

資料來源：筆者自行整理。

可以看出當時司法院先是有需求於2006年第一次招募特約通譯，爾後2013年至2015年間不斷有新的辦法與規範產生。

肆、司法實踐

一、通譯與偽證罪

筆者在法規資料庫查詢刑法168條，自民國30年以來偽證罪相關判例有九件，其中兩件為檢察官指被告犯偽證罪（71年台上字第8127號、69年台上字第2427號），一件為原告指被告犯偽造文書（48年台上字第347號），另一件被告指證人犯偽證（44年台上字第714號），除此之外，30年上字第2032號更指出偽證罪之構成要件：「刑法第一百六十八條之偽證罪，以於案情有重要關係之事項，故意為虛偽之陳述為構成要件，如非於案情有重要關係之事項，故意為虛偽之陳述，固與該條規定不合，即對於案情有重要之關係之事項所述不實，而非出於故意者，仍難以偽證罪論」。可見

得僞證罪之構成要件相當嚴格。[13]

筆者又在法學資料檢索系統之司法判決書鍵入「通譯」兩字，出現26年渝上字第893號，內文述及：「……至於他人刑事被告案內爲證人、鑑定人、通譯之人，在審判或偵查時，依法具結而爲虛僞之陳述，固足使採證錯誤，判斷失平，致司法喪失威信，然此種虛僞之陳述，在他人是否因此被害，尙繫於執行審判或偵查職務之公務員採信其陳述與否而定，並非因僞證行爲直接或同時受有損害，即與刑事訴訟法第三百十一條所稱之被害人並不相當，其無提起自訴之權，自不待言……。」由此可見，通譯之陳述是否造成他人成爲被害人，還得視執行審判或偵查之人是否採信，這也意謂通譯之陳述是否造成僞證罪的構成要件不是那樣容易。

二、訓練機制與通譯席位安排

司法實踐在行政方面包括訓練機制與通譯席位安排。司法院自2006年起開始招募特約通譯，經教育訓練後建置於特約通譯名冊提供法院選用，協助法庭傳譯。迄2013年底計有手語、客語、原住民語、廣東話、英語、日語、韓語、越南語、印尼語、泰語、菲律賓語、柬埔寨語、馬來西亞語、西班牙語、葡萄牙語、法語、德語等17種語言類別，共262名特約通譯，具體實踐法庭傳譯語言類別多元化及人才充足化。逐漸地，特約通譯制度形成，爲被告人權和語言平等而服務，這些特約通譯在法院刑事庭的座位與先前很不一樣，值得與先前編制的通譯席位作比較。大體觀之，負責翻譯的通譯人員之席位，是從接近法庭機構最頂層的主審法官，逐漸地往下方移動，改爲坐在刑事被告或訴訟當事人旁邊（附錄2-3）。以台灣爲主體，司法通譯制度從清代至現代的聘用性質、位置及服務語言歸納如表2-2：

---

[13] 截取自2017/5/28 http://law.moj.gov.tw/LawClass/LawSingle.aspx?Pcode=C0000001&FLNO=168。

表2-2　司法通譯制度從清代至現代的聘用性質、位置及服務語言

	聘用性質	位置	服務語言
清治時期	半官方	站在大人旁邊	北京話與台灣地方話的轉換
日治時期	官方	單獨坐在主審法官下方	日語、北京話、台灣地方話間的轉換
國民黨專制時期	官方	坐在主審法官下方，初期與實習法官對坐，後期與書記並坐，面向當事人	北京話與台灣地方話間的轉換
現代	官方與特約並存（特約通譯為主）	坐在主審法官下方與書記並坐，面向當事人。特約通譯位置視服務對象而定	國語與台灣方言、原住民語等17種以上外國語的轉換

資料來源：筆者自行整理。

　　2012年筆者第一次參加了司法院通譯的訓練活動，為期一天，後來逐漸轉為兩天（見附錄2-4），法庭內部還出現對通譯服務的反映表，足見司法單位對通譯品質的重視（見附錄2-5），此時原來編制的通譯逐漸轉為行政職，負責文書傳遞與機器使用的服務。

伍、社會反應

　　通譯人數愈多，社會大眾更想認清他們的從業性質，筆者在法學資料檢索系統找到對特約通譯是否屬於法律從業人員的判解函釋「法檢字第10404530880號」（104年11月3日）：依法院組織法第

23條第4項規定之立法理由，非屬法院、檢察署編制內之人員，係視傳譯需要而由法院或地檢署逐案約聘，故與法院組織法第23條等相關規定所稱之「通譯」不同，自非屬律師法施行細則第15條規定所稱「依法律所定，法院及檢察署所置之其他人員」，故其非律師法第37條之1所稱「司法人員」。從上述判解函釋看來，通譯因為不屬於法律從業人員，法律從業人員之倫理因此不可以套用於通譯身上，另外規範一套倫理。

這一時期司法通譯人員的需求不斷增長，台東移民署專員陳允萍先生反應社會需求，於2007年首先成立了台東外語通譯協會。2014年10月，陳先生再成立全國性之台灣司法通譯協會，成員多屬於母國為東南亞籍之台灣新住民，並不定期舉辦通譯訓練課程。其成立宗旨為[14]：「本會為依法設立、非以營利為目的之社會團體，並依據公民與政治權利國際公約上之精神，協助在我國境內語言不通者在司法案件進行時之傳譯為宗旨。本會任務：本會依據『公民與政治權利國際公約』之精神與我國之『公民政治權利國際公約與政治及經濟社會文化權利國際公約施行法』之內涵為主要任務如下：一、促進我國境內從事司法案件相關部門之語言公平環境，並協助政府機關處理國境內涉外司法案件；二、維護我國境內語言不通者基本人權；三、提高司法通譯案件通譯人員傳譯之準確度及可信度；四、爭取從事司法通譯人員之應有基本權益；五、維護與提倡善良完善之司法通譯制度。本會之輔助任務如下：一、協助政府政令宣導及語言不通者生活適應輔導之傳譯工作；二、協助社區公共服務性質之傳譯。」從其當時成立宗旨看來，堪稱是一個具有高度服務性質理念的社團法人組織。

先前所述，2010年司改會與「司法要專業推動聯盟」的社團夥伴們，召開記者會向社會大眾說明現行通譯制度存在著上述問題，隨後並向監察院提出陳訴。對此，監察委員沈美真、李炳南、

14　截取自2017/5/30 http://www.tjia.com.tw/page01.htm。

楊美鈴於2012年作成調查報告，並對法務部提出糾正案。為了回應監察院的調查報告及糾正案，相關單位確有修改並增訂相關規定。2017年1月10日立法委員尤美女、南洋台灣姊妹會、婦女新知基金會等團體再召開「從印尼漁工案檢視我國司法通譯之弊病」公聽會，要求重新檢討使用通譯之基準與流程、通譯人員培訓制度與認證標準，確保使用通譯流程有其統一規範，改善通譯服務制度，讓新住民、移工與外籍人士能在台安心生活與工作。

陸、結論

　　台灣司法通譯制度繼受了中國法制，清治時期通譯為衙門審理案件之其他參與人員，日治時期確立了通譯乃法庭編制的一員。過去若翻譯不實會與出入同罪，今日則可能受如證人、鑑定人之偽證罪處罰。國民黨專政時期通譯的工作為替法官及檢察官翻譯國語（即北京話）與台灣方言。2009年國際人權兩公約簽署通過後，法院大量招募各語種之特約通譯，但確定不屬於法律從業人員。受西方思潮之影響，2013年參考西方如美國、英國、澳洲等，制定了通譯倫理規範，並從此納入兩年一次通譯訓練課程的必修科目，種種看來，台灣司法通譯制度及相關法規似乎逐漸趨於完備，儘管如此，有關印尼漁工遭虐死之司法通譯弊病究竟在哪裡？法官、檢察官是否也應該設法瞭解司法通譯工作的性質及百分之百翻譯的限制，方能在指派通譯時更加審慎，確認好當事人所說的語言，預防通譯不知所云，以節省調查人力及時間。通譯成員還必須不斷接受語言轉換與法律知識的專業訓練，兩相結合才能幫助台灣面對新移民社會的各項挑戰。

附錄2-1　法院使用通譯作業規定

中華民國105年3月30日院台廳司一字第1050008500函訂定

一、為落實保障聽覺或語言障礙者、不通曉國語人士之權益，並利
　　其使用通譯參與訴訟程序，特訂定本作業規定。

二、本作業規定適用於當事人、證人、鑑定人或其他關係人（以下
　　簡稱當事人或關係人）為聽覺或語言障礙者或不通曉國語人士
　　之案件。

　　本作業規定所稱通譯，除另有規定外，指法院現職通譯及特約
　　通譯。

三、法院審理案件時，宜主動瞭解、詢問當事人或關係人有無傳譯
　　需求，並視個案需要選任通譯。

　　前項情形，法院宜於傳喚或通知時，以附記文字或附加使用通
　　譯聲請書（如附件）之方式，告知其可向法院提出傳譯需求。

四、法院於審理案件需用通譯時，宜先選任現職通譯，於現職通譯
　　不適宜或不敷應用時，得選任特約通譯。

　　法院審理案件時，如所遴聘之特約通譯因故均不能擔任職務或
　　人數不敷應用時，得因應需要，函請相關機關或單位協助指派
　　熟諳該國語言人員擔任臨時通譯。

五、對於案情繁雜之案件，法院得選任二名以上之通譯，分為主譯
　　及輔譯。

　　主譯傳譯時，輔譯應始終在庭，並專注留意主譯傳譯之正確
　　性。

六、法院應視實際開庭情形，酌定休息時間，避免通譯執行職務過
　　勞而影響傳譯品質。

七、當事人或關係人如自備傳譯人員，法院為選任前，應主動瞭解
　　該傳譯人員之身分、傳譯能力及其與受訊問人之關係。

八、法院單一窗口聯合服務中心及開庭報到處應備置使用通譯聲請書，俾利需要傳譯服務之當事人或關係人填寫。

九、法院現職通譯或特約通譯以外之人，執行通譯職務時，準用第五點至第七點規定。

附錄2-2　法院特約通譯約聘辦法

中華民國106年8月31日修正

第1條　本辦法依法院組織法第二十三條第四項、第三十九條第三項及第五十三條第三項、行政法院組織法第四十七條、智慧財產法院組織法第十九條第三項、少年及家事法院組織法第五十條規定訂定之。

第2條　為因應法庭傳譯需要，法院於現職通譯不適宜或不敷應用時，應逐案約聘特約通譯，以維聽覺或語言障礙者或不通曉國語人士之訴訟權益。

第3條　高等法院及其分院、高等行政法院、智慧財產法院（以下統稱建置法院）為利法院約聘特約通譯，應延攬通曉手語、閩南語、客語、原住民族語、英語、法語、德語、西班牙語、葡萄牙語、俄羅斯語、日語、韓語、菲律賓語、越南語、印尼語、泰語、柬埔寨語、緬甸語或其他語言一種以上，並能用國語傳譯上述語言之人，列為特約通譯備選人。

第4條　通曉前條語言之人，得提出下列文件，向建置法院申請遴選為特約通譯備選人：

一、申請書（格式如附件一）。

二、經政府核定合法設立之語言檢定機構，所核發之語言能力達中級程度以上之證明文件影本。

三、申請人無法提出前款之語言能力證明文件者，得以其在所通曉語言之地區或國家連續居住滿五年之證明文件影本代之。

四、申請人為下列人士時，應提出我國政府核發之以下證件，有效期間至少為二年以上：

（一）大陸地區人民且為臺灣地區人民之配偶：應提
　　　出依親居留證或長期居留證。

（二）其他大陸地區人民：應提出長期居留證。

（三）香港澳門居民及外國人：應提出合法居留我國
　　　之證明文件。

申請人未提出前項規定之文件，建置法院無須通知補正，
得逕不列入遴選。

第5條　依前條申請經書面審查通過者，由建置法院先行測試申請
　　　　人之中文程度（含基本聽說及閱讀能力），經測試合格
　　　　者，始准參加教育訓練。

教育訓練之課程及時數如下：

一、法院業務簡介二小時。

二、法律常識六小時。

三、各類審理程序或相關程序概要十小時。

四、傳譯之專業技能及倫理責任四小時。

建置法院得視需要，增加教育訓練之課程及時數。

第6條　完成教育訓練並經審查合格者，由建置法院遴選為特約通
　　　　譯備選人，並發給有效期間二年之合格證書。但其為本辦
　　　　法第四條第一項第四款之人士者，合格證書之有效期間，
　　　　不得逾其在我國合法居留之期限。

合格證書有效期限屆滿前三個月內，建置法院對有意繼續
擔任特約通譯備選人者，應辦理續任前教育訓練。完成教
育訓練並經審查合格者，續發給第一項規定效期之合格證
書。

建置法院得視需要，適時辦理特約通譯備選人之遴選。

前條及本條由建置法院辦理之教育訓練，其辦理方式及審
查基準，由建置法院自行訂定之。

第7條　法官學院應定期辦理特約通譯備選人之教育訓練，辦理方
　　　　式由法官學院定之；建置法院亦得視需要，適時辦理之。

第8條　建置法院應依語言分類建置特約通譯備選人名冊，名冊內應記載備選人之姓名、照片、年齡、電話、住所、現職、語言能力級別或其他資格證明及合格證書有效期限，並應登錄其姓名及語言能力級別或其他資格證明於法院網站，提供法官或其他機關團體聘用時參考。

前項登載之資料如有異動，建置法院應隨時更新。

第9條　法院於審理案件需用特約通譯時，應依法院使用通譯作業規定辦理。

法院選定特約通譯後，應於庭期前相當期間備函通知；庭畢時，書記官應填具特約通譯日費、旅費及報酬申請書兼領據（格式如附件二），由承辦法官審核。

第10條　特約通譯到庭之日費，每次依新臺幣五百元支給。

特約通譯經選任到庭，因不可歸責於己之事由未為傳譯者，法院仍應支給日費。

第11條　特約通譯到場傳譯所需之交通費，以所乘坐交通工具之費用支給。其所乘坐交通工具，市內以搭乘公共汽車、大眾捷運系統，長途以搭乘火車、高鐵、公民營客運汽車及船舶為原則。遇有水陸交通阻隔無法通行，或時間甚為急迫時，得搭乘飛機，惟應提出足資證明之文件。高鐵、飛機如有等位者，以經濟艙或相當等位為支給標準。

特約通譯因時間急迫、夜間到庭或行動不便，市內得搭乘計程車，依實支數計算。交通費採實報實銷。但搭乘計程車、高鐵或飛機者，法院應審核其單程費用證明或收據後，發給返程之交通費。

特約通譯如駕駛自用汽機車者，其旅費得按同路段公民營客運汽車可乘坐車種票價報支。

特約通譯在途及滯留一日以上期間內之住宿費及雜費，每日不得超過國內出差旅費報支要點所定薦任級以下人員每日給與之基準，依實支數計算。

第12條　特約通譯到場之日費、旅費之支給，除本辦法及其他法令另有規定者外，準用民事訴訟法第七十七條之二十三第一項授權訂定之規定辦理。

特約通譯每件次傳譯服務之報酬數額，承辦法官得視傳譯內容之繁簡及特約通譯之語言能力或認證程度、所費時間、勞力之多寡，於新臺幣一千元至五千元之範圍內支給。但如上開審酌內容，有特殊情形者，承辦法官得簡要敘明事由後，於上開標準增減百分之五十之範圍內支給。

行政訴訟之續予收容及延長收容聲請事件，特約通譯於同日到同一法院傳譯者，其報酬總額依下列標準支給，不適用前項規定：

一、十件以內者，新臺幣一千元至一千五百元。

二、十一件至二十件者，新臺幣一千五百元至二千元。

三、逾二十件者，新臺幣二千元至三千元。

第13條　特約通譯之日費、旅費及報酬，除其他法令另有規定者外，由國庫負擔。

特約通譯備選人參加司法院暨所屬機關舉辦之通譯相關訓練課程、研究會、座談會等會議，或受司法院暨所屬機關表揚，應邀出席集會者，得經建置法院院長事前許可，準用第十一條規定支領旅費。

第14條　法院於審理案件時，如特約通譯備選人因故均不能提供服務或人數不敷應用時，得因應需要，函請相關機關或單位協助指派熟諳該國語言人員擔任臨時通譯。

依前項規定選任之臨時通譯，準用第九條至第十二條及第十三條第一項規定。

當事人合意選任通譯並經法院認為適當者，準用第九條第一項及第二項後段、第十條至第十二條及第十三條第一項之規定。

第15條　法院於使用特約通譯傳譯之案件開庭後，得提供「特約通

譯傳譯服務情形意見反應表」（格式如附件三）予當事人、訴訟代理人、辯護人、證人、鑑定人、關係人或其他使用傳譯服務之人填寫，並應將填復結果陳報建置法院。

建置法院應將有關特約通譯特殊或優良表現之事由，註記於特約通譯備選人名冊內，以作為選任通譯及辦理延攬作業之參考。

第16條 特約通譯備選人有違反法院通譯倫理規範或其他不適任情事，建置法院得視情節輕重為警告或撤銷其合格證書。

經選任之特約通譯有違反法院通譯倫理規範或其他不適任情事，法院得視情節輕重為口頭勸諭或解任，並得將具體事由報由建置法院依個案情節為前項之處置。

特約通譯備選人經警告後一年內再犯，或經警告累計達三次者，建置法院應撤銷其合格證書。

第17條 本辦法自發布日施行。

附錄2-3

1983年至2016年通譯的座位轉變如下（包括編制通譯及特約通譯）：

1983年刑事法庭的通譯位置在審判長正下方單獨位置

資料來源：司法院《百年司法——司法、歷史的人文對話》，台北：司法院，頁166、170。

2003年刑事法庭的通譯位置在審判長正下方並與實習法官面對面

資料來源：司法院《百年司法——司法、歷史的人文對話》，台北：司法院，頁166、170。

2016年刑事法庭編制通譯的位置面對當事人（2012/12/14筆者經由庭務員許
可拍攝）

實行特約通譯制度後，通譯席位依照服務對象而定（2012/12/14筆者經由庭
務員許可拍攝）

附錄2-4

　　高等法院每兩年舉辦通譯續聘課程，初期歷時一天，後來105年改爲三天課程，法官學院每年主辦通譯講習，每年講習都是歷時兩天。

臺灣高等法院105年度特約通譯續任前法律教育訓練課程表					
日期 時間	8月1日 （星期一）	8月2日 （星期二）	8月3日 （星期三）	8月4日 （星期四）	8月5日 （星期五）
08：20 | 08：50			報到		
08：50 | 09：00			開訓		
09：00 | 10：30	＊	＊	民事法律常識 （含訴訟審理程序） 講座：黃法官麟倫	＊	＊
10：40 | 12：10			刑事法律常識 （含訴訟審理程序） 講座：何法官信慶		
12：10	＊	＊	午餐及休息	＊	＊
14：00 | 14：30			口試報到		
14：30 | 16：00	＊	＊	14：30開始 分組口試 （至口試結束）	＊	＊
16：00 | 17：30					
備註	一、上課研習、口試地點：司法大廈3樓大禮堂（臺北中正區重慶南路1段124號） 二、承辦人：人事室陳慧玲科員。電話：02-23713261分機2333				

附錄2-5　特約通譯傳譯服務情形意見反映表

特約通譯傳譯服務情形意見反映表	
通譯姓名	（不知道通譯姓名者可免填）
傳譯案件之案號	
開庭時間	＿＿＿＿年＿＿＿＿月＿＿＿＿日
對於通譯傳譯情形之整體評價：□良好□普通□不良	

※如有其他具體意見，歡迎選填以下項目：

1.通譯執行職務之態度
　□態度平和有耐心。
　□語氣不耐、冷淡或歧視。
　□無端調侃或怒（辱）罵在庭之人。
　□發表歧視性言論，有損司法信譽。

2.內容完整性
　□完整傳譯，未擅自增減應傳譯之內容。
　□傳譯內容有明顯增刪、修改及疏漏。

3.傳譯專業度
　□傳譯內容專業詳實。
　□傳譯內容專業度有待加強。

4.特殊或優良表現之具體事由：＿＿＿＿＿＿＿＿＿＿＿＿＿＿
＿＿＿＿＿＿＿＿＿＿＿＿＿＿＿＿＿＿＿＿＿＿＿＿＿＿＿＿

填寫人	姓名： □當事人　□訴訟代理人、辯護人 □其他訴訟關係人：＿＿＿＿＿＿＿
日期	中華民國年月日

備註：
1.本表由庭務員於當事人、訴訟代理人、辯護人及其他使用傳譯服務之訴訟關係人開庭報到時發給，
2.有關特約通譯特殊或優良表現之具體事由，建置法院將註記於特約通譯備選人名冊內，以作為日後選任通譯之參考。

第三章　法庭口譯者的主體性

壹、前言

　　翻譯研究經常探討翻譯者的主體性，但大多集中在筆譯者的主體性討論。無論是西方的「僕人」或是東方的「舌人」，學者歸納出譯者大體遵循著一種僕人對主人的「忠實性原則」，不算是非常典雅的說法。更有一句古老的義大利諺語——「Traduttore, traditore」（翻譯者即背叛者），一語道破傳統翻譯及譯者受輕視的窘境。另外，弗洛里歐（John Floria, 1603）是16世紀中葉的英國詞典編纂家、法國作家蒙田作品的英譯者，他曾說：「所有的翻譯因為必然『有缺陷』，所以『一般被稱為女性』」（許寶強、袁偉，2000，頁283）。總結上面對翻譯與譯者之看法，譯者只能緊跟原作者之後，忠實地反映原作的思想及風格，不能僭越僕人的身分進行創作。不過這種卑微的地位似乎在1970年代翻譯理論界提出「文化轉向」後，開始有了新的改變。韋努蒂（Venuti）在《譯者的隱身》一書中提倡譯者的顯性與異化（foreignization）策略，譯者可以選擇把外國文本中的語言和文化差異表現出來，把讀者送到國外去；操縱學派更認為翻譯實際上是譯者作出抉擇的一種改寫的過程。

　　以上約略是筆譯者的「主體性」討論。本研究從較哲學性的面向來觀察口譯者，特別是法庭口譯者的「主體性」問題。首先，何謂「主體性」？它原來是日文「主体性」轉譯而成，根據吳豐維（2007）的研究，它可能包括四個意涵：一、同一性／身分（個人內在統一的自我或靈魂，或者是群體的身分認同。這個身分認同可能是建構的，或者是本質就有的）；二、獨立性（個人或全體

乃獨立自持，不受他人或群體干擾）；三、自律性（個人或群體自身立法的能力）；四、主觀性（以自身意識爲出發點理解週遭，或具有內省的特定視角與客觀性對立）。日本人使用該詞意義相當浮動，筆者推敲，漢語經過轉譯後，也會有浮動的現象，也就是說，我們在使用該詞時，有可能只涉及一層，但也可能涉及多層的意涵，本論文於是特別探討法庭口譯者是否具有以上所述之四點主體性意涵。

環顧今日社會，各方面運作皆需要制定法律，民眾爲某件事情不滿，甚至對簿公堂在所難免。法庭口譯提供法律訴訟時所需的語言溝通服務，面對兩造針鋒相對及法官、檢察官嚴詞審理，法庭口譯者是否具有相當程度的「主體性」自然成爲一個非常有趣的主題。先前國內的法庭口譯研究，強調法庭口譯員的中立角色及實際運作（張立珊，2010；張安箴，2008），或台灣法庭口譯的制度與現況（魯永強，2006；張中倩，2013，2016）。以下筆者從「主體性」切入，根據相關文獻，先分析會議口譯與社區口譯的兩大差異，研究方法探實地觀察法與工作札記省思，藉此突顯法庭口譯者在現場的獨立性與自律性等，如：等待位置、翻譯位置、具結、諭知米蘭達權利、打斷與要求重複、音量控制及離開順序等；工作札記省思則透露口譯者自省的獨特視角，不同於法庭現場其他參與者。結論說明法庭口譯者具有相當的主體性，與一般的會議口譯活動十分不同。

貳、文獻探討

一、社區口譯的特點

如前所述法庭口譯爲社區口譯的其中一種類型。Wadensjö（1998）認爲會議口譯與社區口譯的差別主要在於：（一）文本模式與活動模式；（二）單向性與對話性。

口譯文本模式注重被翻譯的文本詞彙與文體，口語的最小單位

爲字素，每個字素在意義上同等重要；口譯活動模式則把口譯看做
是一種溝通行爲，Pöchhacker（2004）舉例，將講話者的內容切割
成各個小文本，如說話內容、手勢、投影片播放、圖畫部分等，準
備翻譯時把這些小文本放在整體的活動下來討論。口譯服務的最終
目的在於滿足活動指派者對此溝通行爲的特定期望，此時口譯行爲
只是溝通行爲的一部分，影響因素另有當時的狀況、在場人士及相
互的關係等。

　　有關單向性與對話性，進入20世紀後，國際間頻繁交流，會
議口譯員的需求量大增。會議口譯員主要從事同步口譯，在口譯間
工作並配戴耳機，大部分由演講人對聽眾作單向溝通，講者與聽眾
的同質性相對較高，且講題範圍明確，語域變化較小。這種口譯型
式主要是單向傳輸的過程（unidirectional process of transfer）；而
社區口譯，如醫療口譯與法庭口譯，則是以對話式口譯進行，通常
是在公開場合以面對面的溝通解決某些人的問題，講者與聽眾通常
同質性較低，語域變化較大（陳子瑋，2011），這種口譯形式需要
聽者注意個人說話時的背後語意與表達用意。Wadensjö（1998）認
爲Bakhtin（1981）的對話理論（dialogism）可以描述這種對話現
象。Bakhtin主張，對話時每個人的字義有三種層面，第一層是表
面字義，沒有情感與價值觀附加在上面；第二層是說話者所賦予的
價值觀與情感；第三層面是說話者針對該特定情境所賦予的特定意
涵，其對話理論中更用「眾聲喧嘩」（raznorechie heteroglossia）
一詞來反映現代社會語言的多元化現象。這種現象存在於社會中人
與人交流、價值交換和傳播的過程，凝聚於個別言談的音調和語氣
之內。陳雅齡、廖柏森（2013）指出：「將此對話理論應用在法
庭上的適切性在於：法庭上也不是只有一個人在講話，而且法官、
檢察官、律師及各當事人的背景不一，口譯員特別需要注意法庭上
多人對話中個別音調、語氣的流動性與轉換。而口譯員協助傳達講
話者的用意時，語言與非語言元素都很重要，更不用說口譯結果將
影響該案件的法律判決。」

從上述社區口譯的特點來檢視法庭訴訟活動的對話性，根據研究者的親身經驗，法庭口譯者可能同時為外籍辯護人、外籍證人、或外籍告訴人服務，其所在位置有三種可能性，但通常安排在最主要說話者的旁邊，如圖3-1所示：

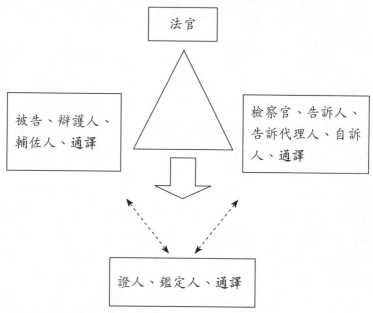

圖3-1　法庭訴訟活動通譯位置的可能性
資料來源：參考陳雅齡、廖柏森（2013）。

上述位置圖也顯示，若通譯被法官安排在離講話者較遠的位置，口譯者較不容易看清楚說話者的表情及肢體動作等，法庭上的法官檢察官應該注意並改善這種情形。

二、法庭口譯角色的研究

陳雅齡、廖柏森（2013）整理現有對法庭口譯角色的研究，歸納出以下四種：

（一）傳聲筒

傳統對於法庭口譯的角色認知類似一種逐字翻譯的機器（translation machine），譯者必須客觀忠實地轉移來源語的內容訊息，表現細節，且不得添加任何自我的主張。Dysart-Gale（2005）提出「傳聲筒」／「導管」（conduit）的概念，描述譯者在口譯過程中的透明隱身性。但口譯過程會涉及兩種不同文化，文化差異會造成語言的不對等，而這種不對等性就容易導致翻譯時某種程度的不可譯性。加上口譯者也會有個人的認知方式和意見情感，是否只會作為純粹的傳聲筒，不無疑義。後殖民文化學者Spivak（1993）便說翻譯是最親密（intimate）的閱讀，既然是親密的閱讀，法庭上口譯員與當事人面對面，雙方具有不同文化與背景的外籍人士，是否能不受干擾像傳聲筒般傳遞訊息，仍有可議空間。

另有學者指出，其實口譯者除了傳聲筒外，還有扮演其他重要角色的可能性。Lee（2009）針對法官、律師、檢察官及口譯員施放問卷，發現雖然大多數人都認為口譯員是翻譯機器，但總體意見還包括溝通者、語言專家、文化專家及證人的辯護者等角色；而從醫療口譯來看，Hsieh（2008）的研究指出：美國跨文化醫療研究小組對口譯員的角色認定依序為：傳聲筒、訊息澄清者、文化中介及推動者。Hsieh甚至發現，口譯員除了遵循傳聲筒模式之外，更多情況是扮演互動過程中的協調者（coordinator），為病人爭取權益（advocate and acting on behalf of patients）、掌管醫療資訊（manager of medical resources），也同時是一名專業人員（professional）。

（二）中立者

張安箴（2008）主張口譯員應發揮如專家、證人般的中立功能，忠實傳達訊息以供法官與當事人決斷事實與參與法庭程序。張立珊（2010）從另一方面切入，針對目前法庭實務困境提出改

善司法通譯制度之道，並透過社會心理學來延伸對通譯代言與中立角色的詮釋，探討其與社會整合的機能。事實上，雖然法庭每次審訊前都會要求口譯員具結，以白紙黑字保證口譯的倫理及立場的中立，但實際上，法庭充滿不同背景與價值觀的說話者、任文（2010）引述Spivak主張，提出「文化中介」不等同於「文化中立」，中立或自由的對話是一種虛幻的錯覺，任文（2010）甚至提出社區口譯者容易持有「非中立立場」的主體意識。不過，筆者認為絕對的「譯者中立」或許是個神話，但法庭口譯員若依循法庭口譯倫理，在法庭形勢及語言翻譯上扮演適當的「掌控」角色，作為文化中介的法庭口譯員還是能保持某種程度的文化中立。

（三）機構守門人

趙軍峰和張錦（2011）則主張法庭口譯者為法庭機構的守門人（gate keeper），不只是語言服務者，口譯者更身兼控制傳遞訊息者，在法庭形勢上會呈現以下行為：1.打斷：當講者說話時間愈長，口譯員的記憶負擔愈大，產出訊息容易流失時，可打斷講者的說話；2.要求重複：為了確認某些專有名詞、數據或其他訊息的正確性時，可要求對方重新陳述；3.要求語速和音量：為完整理解講者訊息，可要求對方轉換語速或提高音量；4.省略：譯者在口譯過程中可省略一些非正式或非必要的對話；5.添加：對一些聽者不熟悉的文化概念、專有術語如地名等，譯者可添加額外的解釋說明。而在語言翻譯上，譯者需採取以下策略：1.精確措詞和適時使用法律術語；2.保持講者的重複、停頓、猶豫、含糊、語調等特色，以便法官更能準確掌握講者的深刻內在意涵；3.保持講者使用的語域，包括莊重體、正式體、商議體、隨便體及親密體等不同語域，可呈現程度不同的話語權力。

（四）權力過濾器

在守門人之外，Berk-Seligson（1990）探討法庭口譯者與法庭其他參與者的互動，認爲法庭口譯者的工作是一種權力過濾器（powerful filter），口譯員被賦有某些權力。筆者認爲，在複雜流動的溝通過程中，譯者免不了要採取協商、制衡或調停等策略，方能使溝通活動能夠順利進行，更進一步地，口譯者是擁有權力的角色，而且是種積極具建設性的權力，而不是用來壓抑或否定其他人的權力。舉例來說，法庭訴訟程序規定，當法庭內有任何外籍人士涉入，必須有口譯員在場，審查程序才有效，這是法庭口譯者所掌握的第一種權力：法庭機構的程序權力；而執行翻譯工作時，口譯準確性會影響法官的印象與刑度運用，這是第二種權力；再者，法庭口譯者爲法庭上唯一具有專業語言知識的人員，此乃Foucault所謂「知識即是權力」或「權力即是知識」（pouvoir-savoir），這是法庭口譯員的第三種權力性。根據以上主張，法庭口譯者顯然不同於其他情境如會議口譯者。

參、研究方法

本研究主要採用質性的客觀觀察、參與觀察法以及實地札記省思法，筆者自2011年10月至2012年3月間，前往台灣高等法院刑事及民事庭、台北地方法院刑事庭及民事庭、士林地方法院等進行實地觀察及參與觀察。筆者就法庭形勢及語言翻譯的狀況加以記錄，並於事後撰寫實地札記（field notes）兼反思備忘錄（memorandum），以供事後分析。

肆、結果與討論

一、客觀觀察與參與觀察

以下就台灣法庭口譯之實際現場，從口譯員等待出庭到退庭，所做之記錄、觀察所得，並作自我反思，所觀察到的資料分析大抵是根據趙軍峰和張錦（2011）所討論的面向，以下是分析結果。

（一）到場與等待

我國法律規定任何外籍人士涉案需要有口譯員在場，法庭審查程序方有效。筆者觀察的這位中英口譯員到場後在走廊等待，與其他人無任何交談。另一位中法口譯員到達的時間有些晚，法官叫庭務員去外面打電話聯絡她是否記得來，並指示必須等她到達後才能開庭。

（二）口譯員的座位

進法庭後法官會指示法庭口譯員該坐的位置，位置的安排通常是在幫助口譯員得以掌控外籍當事人或證人的任何發言或反應，方便進行口譯。前文提及，Spivak認為翻譯是最親密（intimate）的閱讀，而法庭上的對話攸關當事人的利害，法庭口譯員與外籍人士的對話無異是最親密的溝通，故口譯員的所在位置就突顯了這種親密的關係。

筆者觀察到有兩次聽審中，口譯者經法官指示坐在外籍當事人的旁邊。筆者個人有一次經法官指示，單獨坐在法官的正對面，外籍被告與其委任律師反倒坐在法官的左側。筆者因與外籍當事人的距離較遠，怕聽不清楚，馬上要求外籍被告移動位置到口譯員旁邊。司法通譯對於口譯位置的選取及決定權代表著一定程度的獨立性（主體性），以下為法庭中對話的實例：

口譯員：距離太遠，可否請當事人移動到我這兒？

法　官：（看著外籍被告）被告想跟他律師坐一起！

被　告：You may move up here with me.

　　該名外籍被告似乎聽得懂中文，馬上同意口譯員來跟他坐在一起。

（三）宣誓與具結

　　就座後，筆者觀察到法官會先問口譯員認不認識兩方，接著請口譯員大聲朗讀「通譯結文」以表示對其口譯內容的忠實。Leanza（2005）研究社區口譯員的權力，認為說話（speech）是論述權力（discursive power）非常重要的一部分，「說話」會改變世界觀感，能劃清是非、劃清自我與他人的界線。據此，法庭口譯員大聲朗讀通譯結文，便是告知法庭人士和口譯員各項權力關係的開始。

（四）諭知「米蘭達權利」（Miranda Rights）

　　法庭上「米蘭達權利」的諭知乃為正式審判程序的第一步，法官通常會對辯護人作陳述，此時口譯員需完整譯出，不能有任何遺漏。研究者觀察法官通常會仔細凝聽並觀察辯護人被諭知的神情，還會問口譯員該辯護人是否已充分瞭解他（她）的這些權力。可見法庭上以當事人聽得懂的語言諭知「米蘭達權利」的重要性，以下為法庭對話：

法　官：你有保持沉默的權利。你說或做什麼都可以在法庭上造成
　　　　不利你的證據。你有權請律師為你說話，如果你請不起律
　　　　師，法庭將任命一位給你。最後，你有權利要求法院調查
　　　　你認為有必要的證據。你瞭解這些權利嗎？

口譯員：You have the right to remain silent. Anything you say or do can and will be held against you in a court of law. You have the right to speak to an attorney. If you cannot afford an attorney, one will be appointed for you. Lastly, you have the right to ask the court to investigate anything you consider necessary. Do you understand these rights as they have been read to you?

被　告：（點頭）I understand these rights.

口譯員：法官，他說他瞭解這些權利。

（五）打斷與要求重複

　　由於法庭上通常有許多具有不同文化社會背景的人士在對話，若是外籍人士的英文帶有某種腔調而不易理解，常見口譯員會主動中斷對話，向說話者確認語義或要求重述。以下為法庭中對話的實例：

Defendant: I thought it was an only parcel sent by my friends in Malaysia. I didn't know there is drug hidden⋯.

Interpreter: You said it was a what?

Defendant: a parcel, a package.

Interpreter: P-A-R-C-E-L, you mean?

Defendant: That's right.

　　有時法官會講出某些法庭術語，如證據能力、主詰問、反詰問、拒絕答辯等法律專用名詞，口譯員若是初次接觸，可能需要打斷對話流程，請法官、律師暫停並向當事人做簡單解釋，方能繼續進行口譯工作。法庭口譯者主動打斷或要求重複亦代表著通譯獨立於現場其他參與者的主體性意識。

（六）音量控制

司法通譯的職責在於協助法庭權力能夠順利行使，通譯在法庭上說話的音量可能是最大，也可能是小聲交耳，必須適時掌控自己的音量。大部分情況下法官會要通譯儘量大聲，讓坐在法庭前面的書記能夠確切作紀錄並錄音。其他人在對話時，法官也會要求通譯對外籍人士作耳語口譯（whispering），使其瞭解法庭進行的狀況。某次開庭不久，筆者注意到這位中法口譯員聲音稍小，法官提醒她提高音量，而證人進場後，口譯員又轉而將音量降低，小聲在外籍當事人的耳邊口譯。

（七）口譯員離開方式

司法通譯離開的方式再度暗示法庭口譯應遵循的中立原則。筆者觀察到法官宣布審訊完畢，便會先要求口譯員離開，當事人於現場馬上致謝，未見雙方後來在走廊有任何互動。筆者則通常故意搭乘不同電梯，領完酬勞後，儘可能避開當事人才離去。

二、實地札記兼工作備忘錄

筆者在2011至2014年間，每次法庭口譯工作完畢，回家後便會記載實地狀況並作省思，以下依照時間晚近回溯這些活動並作分析，保密部分已略去，讀者可看出法庭口譯在法庭現場的某種獨立性、自律性與主觀性，即主體性：

2014/9/3

前天居然被警察局傳喚去作證，之前為某外籍人士翻譯，最後演變成為他的證人，這很罕見，也是我的頭一遭！剛開始覺得很倒楣，但只要我們常常往正面想，很多事都可以解決。

反思：法庭口譯卻變成了犯罪事件的證人，真的很難想像！

2013/12/15

今天翻譯的是偷竊！

準備離開法庭現場時，這位外國嫌疑犯在門口堅持要跟我握手。但我真的覺得他很邪門，我渾身不舒服，非常遲疑要不要伸手。

反思：法庭口譯有時難逃跟被告在法庭外的直接接觸，但要提醒自己馬上脫離現場。

2013/8/17

整個8月共翻譯了三對夫妻的家暴與離婚案件，這些案件的男女主角有個共同點，就是在法庭上都對著法官和檢察官講話，不再看著當初可能有著山盟海誓的對方。離婚案件的那位外國仁兄，因為沒有自己的私人律師，在與女方及女方律師談判的當下，將我當作他的律師，可是我心裡知道我是沒有能力給他任何法律建議的，我只是一具傳聲筒。

反思：法庭口譯可能會被當事人當作律師，這時必須劃清界限。

2013/8/6

今天提早一小時就坐在庭外等，愈接近報到時間，就愈是頻繁上廁所，我真的太緊張了，半小時內我竟然上了十次廁所！

走廊椅子上面對著我的人，我知道是「他」。依照先前的經驗，我應該主動去跟他說法庭地點有所更改，但我沒有勇氣主動去跟他說……因為身為女子對性侵害者有所害怕誠屬自然。

翻譯時法官要我坐在他旁邊，他開始正視著我，不知怎的，我的專業勇氣突然猛現，我決定暫時撇下那晚的驚濤駭浪與對一個年輕女子產生的重大變故，我抬頭正視他，誠懇的向他轉述法官的話，極盡所能希望他搭上我這座語言的橋樑到彼方，聽取台灣司法對整件事件的處理與對他的撻伐！

反思：法庭口譯者面對某些案件，必須壓抑住正義感才能客觀冷靜地工作。

2013/8/1

　　這星期幾乎天天去法院報到。今天早上在路上有點倦意，可是一下計程車，踏進高等法院門口，把皮包交給法警進行掃描檢驗時，我的精神又突然振奮起來。坐在法庭外準備開庭時，我拼命複習今天有關石英開採的地質名詞及證券交易違法的法律術語，進場後連續為兩名地質學家翻譯長達三小時。

　　九點半在法庭外準備開庭，一點半才結束踏出高院門口，法庭口譯真的需要大量的能量與體力！

反思：法庭口譯面對專家及許多專有名詞，需要充分的準備。

2013/7/30

　　法庭翻譯時通常法官高高在上，我在下面幫他跟當事人翻譯。今天是在高等法院民事協商室，老法官叫我坐在他旁邊，替兩位來自美國說英文的小朋友翻譯。

　　處在高等法院，又坐在法官右手處，高層法律執掌者就在我旁邊的感覺真的很特別。

反思：法庭口譯其實就是在為法官工作，在民事協商事室座位變得較為機動。

2011/12/16

　　這次翻譯的是公共危險罪。雖然自認已經翻譯出外籍當事人控訴的重點，但他的台灣未婚妻在調查結束後退至走廊準備具結時，馬上向我反映有句話漏翻了，而她認為那句話是重要的。換成兩年前的我，一定很緊張，但現在的我從容帶著外國人準備具結的筆錄進去向法官更正。還好法官說她懂外國人的意思，寫出來只是summary。這幾次幫外國人翻譯，外國人都會帶著一位朋友坐在旁聽席，無形中形成我的check interpreter，不敢掉以輕心。

反思：法庭口譯對於記載不完全的筆錄，必須馬上反映並且回到現場要求更正。

2011/10/18

因爲被告指明由我口譯，所以我又出現在士林，一樣一身黑，提早半小時到，怕與被告正面接觸，所以趕快躲進另一場的旁聽席……。輪到我們上場，我與被告律師坐在被告兩側，我觀察被告的側面，無法想像被告先前是怎樣的人生。

反思：法庭口譯面對要翻譯的當事人，常常五味雜陳，但現場不能有明顯反應。

2011/11/15

今天得跑法院偵查庭。在走廊等待許久，知道那一群摻雜外國人的男女應是我等一下要口譯的對象。因爲無法作庭外的交談，只得大大豎起耳朵，偷聽他們的談話主題，以便進場後馬上進入狀況。那外國人手上拿著一大疊保險資料，我腦袋的專有名詞庫存開始努力搜尋有關保險理賠的部分。因爲平常一向不太關心保險業程序，心裡開始有些緊張。審訊完畢，檢察官跟我說，她能聽、講英文，但由於國家尊嚴，必須由口譯員當橋樑。回家的路上我不斷想著檢察官對我講的話：「由於國家尊嚴，必須由口譯員當橋樑……」。瞭解到以我在法庭中代表著國家尊嚴，我的心頓時嚴肅起來……

反思：儘管現在司法從業人員的外語普遍提升，但法庭口譯仍是司法程序正義不可缺少一部分。

伍、結論

以往對法庭口譯員的角色有兩極看法，一是認爲法庭口譯員的任務在於確保清晰的理解並修飾答話，甚或幫助弱勢的非母語人士得到有利結果；另一看法是將口譯員視爲逐字翻譯的機器。不過幫助語言弱勢者得到有利結果，可能超出了口譯執業倫理的範圍。另一方面，由於語言機構及文化差異，逐字翻譯的要求並不實際也無

法達到良好的溝通。從本研究中的實例更可看出，法庭口譯者包括
到場時間與等待位置、移動座位、具結、要求打斷或重複及音量控
制等，還有筆錄記載有瑕疵必須馬上向法官作出更正等，這些乃口
譯員可自身判斷，即在法庭中的主體性，並且，譯者對於現場人事
物常有內在情緒反應，但必須壓抑住情感。在這些現象的背後，法
庭口譯者集三種論述權力於一身：法官的印象及刑度運用、法庭機
構權力與語言知識權力。本文結合實際觀察及實地札記資料來探討
法庭口譯者的主體性，研究結果的確顯示出法庭口譯對現場活動有
高度的自律性、獨立性及主觀性。筆者期望這些研究發現能對口譯
理論發展有所啟迪，對法庭口譯工作以及新進司法通譯訓練有實質
的助益。

第四章　法律專有術語的翻譯

壹、前言

　　所謂「專有術語」（terms or terminology），泛指一學科內具有特殊指稱意義的詞彙，可用來表達或限定專業的概念。隨著科學與技術進步，每門學科都包含許多日新月異的概念，需要透過專門術語來表達，如果使用的術語不夠精確，所傳達的思想與訊息就容易失真。對於法庭口譯，法庭上，法官、檢察官及律師是法律從業人員，常常會套用很多法律術語，在場若非為法律人可能聽不懂。舉例來說，司法通譯翻譯前要先「具結」，何謂「具結」？這便是一個法律名詞，它是對官方提出表示負責的文件，當兩造之間對現在或未來的事做出相互同意的許諾，而以書面表達時，即稱為「具結書」或「切結書」，這些是「契約」的一種形式。在西方的約定行為裡，諸如宣誓書、書面證詞、具結承諾，都以法文的Affidavit稱之，現代許多社會不再需要以「具結書」或「切結書」，例如移民某些國家，成為該國國民，宣誓典禮後必須舉手作宣誓，即是「具結書」的儀式化。

　　法律翻譯之所以困難除了因為一般人不懂法律，必須去熟悉這項專門知識以外，不同的語言常具有不同的法律系統，在不同的法律系統尋找等值的對應有時不容易，法律翻譯的困難便在於這裡。一般來說，世界上的法律體系主要可以分為英美法系（the Common Law）、歐陸法系（the Civil Law）、伊斯蘭法系、印度法系及一些混合法系等。譬如在訴訟方面，歐陸法系重視實體法，英美法系重視程序法。英美法系中訴訟的一個重要特徵在於陪審制，尤其在美國，不僅刑事案件，民事案件也實行陪審制；歐陸

法系國家則不同，歐陸法系中民事案件不實行陪審制，歐陸法系的陪審制也不同於英美法系的陪審團，實際上是參審制。英美法系訴訟程序的另一個特徵是對抗制，原被告律師以及刑事案件中的公訴人和被告律師在法庭上對抗，律師們滔滔不絕，想盡辦法說服陪審團，陪審團不進行調查，在法庭上也不提問，他們的任務只是聽取雙方及其證人發言，並在最後就案件事實作出裁決。英美法系的法官不主動進行調查，甚至不參加提問，在法庭上表現為一個消極的仲裁人；歐陸法系則以法官為主，法庭中由法官掌控的審理的進度及程序，以積極的審判者姿態出現，兩種法律制度的差別列表如下表4-1：

表4-1　英美法系與大陸法系的差別

比較項目　　法系	歐陸法系 European Continental Law （Civil Law）	英美法系 Anglo-American Law （Common Law）
起源	羅馬法（紀元前） Roman Law	日爾曼法（11世紀） Germanic Law
法律的形式上	成文法典 Statutory laws（codified laws）	習慣法及判例 Customary laws and Cases（Precedents）
法律的基本精神上	寧枉勿縱 （Prefer being wrong to being lenient）	寧縱勿枉 （Prefer connivance to injustice）
法律的思考上	以法典為基礎用邏輯上演繹的（Deductive）推理方式以求結論（三段論法Syllogism）	以判例為基礎做歸納的（Inductive）思考（實證法Empiricism）

（續）表4-1　英美法系與大陸法系的差別

法系 比較項目	歐陸法系 European Continental Law （Civil Law）	英美法系 Anglo-American Law （Common Law）
司法制度上	雙軌制（Double track system），普通法院／行政法院	單軌制（Single track），只有普通法院，不設行政法院
法庭組織上	除地方法院採獨任制外，以採合議制爲多 Collegial panel	側重獨任制 Single judge
訴訟程式上	採法官審判制（Judge adjudication）詰問制（Inquisitorial system）	採陪審團制（Jury）當事人對抗制（Adversarial system）
法官的任用及職權上	法官與律師分別任用 Appointed	有聘任及民選兩種方式 Appointed and elected

資料來源：李憲榮，2010。

　　儘管英美法系和歐陸法系一般被認爲是當今世界最重要的兩大法系，二者差異頗多，但這兩大法系在當今也有交流與融合之處，全球化讓國與國在某些地方互相借鏡。如以往在東方文化以「罪犯」概稱所有被司法單位抓到的人，今受到西方「無罪推定」（presumption of innocence）影響，這些「罪犯」（criminal）在未經司法體系定罪之前，只能稱作「犯罪嫌疑人」（criminal suspects）。在台灣，有些訴訟案件，特別是國際專利類，律師們模仿英美進行庭外作證（deposition）的工作，司法單位甚至考慮借鏡歐美，邀請一般人民進入法庭，參與法院審判，即所謂的觀審團制度。

再回到法律術語的翻譯。早期的法律翻譯活動，多集中在「法律術語」的機械式轉換，後來大家瞭解到法律翻譯不只是處理法律術語部分。「法律術語」是一種符號，符號學者索緒爾（Ferdinand de Saussure）定義：「凡是符號，皆蘊含著某種思想文化，是某種意象的載體與某種精神外化的呈現。」法律詞語意義的形成和發展還會受到一個國家的法律體制、宗教信仰、地理環境和風俗習慣的支配與制約，即便歷史變遷，仍會留下語言的痕跡。西洋人則留有不少戰爭時期產生的法律術語（如crime against humanity）和種族鬥爭的術語（如abolition、genecide），如美國獨立後有其聯邦體制下的法政術語（如abstention），除此之外，還有回教的haqq（真理）、印度的dharma（職責）與馬來亞的adat（慣例）等。台灣受日本人統治五十年，日治時期人民使用近代法院的經驗表現在台灣人的日常語言。據法學者王泰升對台灣法律史的研究（王泰升，2001），一本1916年發行由某台灣人所撰寫，教人講「台語」的課本中，已出現如：「伊在得做法院的通譯」、「在我打算，不如著請辯護辯」、「判官在公堂在問案」等例句。可見，「到法院」（今亦如此稱呼）、「聘請辯護士」（即今之律師）、由「判官」（即今之法官）審案等，在1910年代可能就已經成為台灣人日常生活經驗的一部分，當時「法院」、「辯護（士）」等詞彙已成為台灣話的「外來語」，這是因為受日本統治，並摻入西方法制所致。

有趣的是，同一詞語經過時間演變，甚至會與原來意思大相逕庭，這時法律譯者要特別注意，例如「civil」一詞，在美國和加拿大原來都是「平民的」、「民法的」意思，而加拿大經過長時間法律文化的演變，逐漸過渡到「一般平民犯罪」的意思，最後在加拿大《國防法》變成「一般刑事的」。有人把「civil prisoner」譯成「民事犯」，這是錯誤的，「civil court」不是民事庭，而是「一般刑事法院」（宋雷、張紹全，2010，頁177-178）。總之，法律語言是文化與歷史組成的一部分，是散播法律文化的重要工具，法

律術語也是一種符號，蘊含著一個國家的歷史與文化思維，只是一味地做機械式翻譯是不夠的。一般而言翻譯英文的法律術語，需注意以下幾項原則。

貳、精確性原則

法律用語是專業語言中最專業的一種。法律術語的含義由法院、立法機構和行政機構來決定，不同於一般日常用語的含義，兩者之間有很大的差異，翻譯時必須力求精確。法律英語還包含大量法語及拉丁語成分，除法語和拉丁語成分外，還包括日常很少用到，但不可或缺的古英語單詞，如法律英語中常用的writ是古英語固有詞。writ源自write（寫），意思是「法庭或司法機關的各種書面命令或令狀」。以下列舉常見的英文法律術語，並附上一般的中文翻譯（表4-2）：

表4-2　常見英文法律術語、一般用法及中文法律含義

英文字	一般用語	法律用語
Action	行動	訴訟
Alien	外國人（名詞）	財產移轉（動詞）
Answer	回答	答辯狀
Appropriate	適當的（形容詞）	撥款；侵吞（動詞）
Briefs	簡報；摘要	呈送法庭的說明
Cause	原因；理由	訴訟的問題或事由
Color	顏色	法律權利
Consideration	考慮；關心；體諒	對價關係；約因；報酬
Damages	損害	損害賠償
Demise	逝世（名詞）	租賃（動詞）

英文字	一般用語	法律用語
Depose	革職	宣誓陳述
Discovery	發現	審判前之準備會議
Distress	苦惱	債務扣押品
Finding	發現	法院判決或裁定
Fresh fish	剛捕獲的魚	新囚犯
Fee	費用；會費	不動產繼承權；繼承的不動產；土地的絕對所有權
Fee simple	簡單費用	不限制繼承者身分的土地
Honor	榮譽	接受；付款（動詞）
Immunity	免疫力	豁免；免責
Instrument	工具	正式法律文件
Interest	利息；興趣	主張財產的權利
Majority	多數	成年
Minor	次要	未成年
Motion	移動；動作	動議；申請
Negligence	疏忽行為	在某些特定情況下，守法理性的人所不為，或非守法理性的人所為之事（疏失）
Of course	當然	權利（名詞）
Outstanding	傑出	未付清
Prejudice	偏頗	權利受損
Presents	禮物	法律正式文件
Quiet possession	無聲的擁有	不受干擾的占有使用

英文字	一般用語	法律用語
Reasonable man	通情達理之人	普通正常人
Remove	除去	移轉管轄法院
Ripe	（果實）成熟	審理程序終結、法官準備下判決
Save	救助	除外
Serve	服務；侍候	送達文書
Specialty	專長	簽名的契約
Standing	立場	當事人適格性
Survive	生存下來	繼續有效
Undertake	從事於	承諾（但非promise）
Utter	說出	使用偽鈔

以下再列舉一些法律英文還保留的法語及拉丁語，當法官裁判書或大法官解釋文穿插了這些被英文接納的外來語，可以增加行文的深度與韻味。這就好比我們說、寫中文時，偶爾加點書面語和文言文，能讓閱聽對象瞭解寫作者的中文程度。法律英文還有一些古英語成分，主要是一些虛詞aforesaid、hereinafter、hereinbefore、thereto，以下舉部分例子：

英文字	一般用語
Ab initio（L）	自始
Actus reus（L）	犯罪行為
Alibi（L）	不在場證明
Caveat emptor（L）	瑕疵警告

英文字	一般用語
Charge d'affaires（F）	駐外公使
Ex post facto（L）	（事後的）溯及既往
Flagrante delicto（L）	現行犯
Force majeure（L）	不可抗力
Habeas corpus（L）	人身保護令
Locus standi（L）	對抗權
Mens rea（L）	犯罪心態
Mutatis mutandis（L）	作必要修改後準用
postmortem（L）	驗屍；事後檢討
Prima facie（L）	表面的；初步
Ratio decidendi（L）	判決理由
Stare decisis（L）	依循先例
Subpoena（L）	傳票
Ultra vires（L）	超出權力
Void ab initio（L）	自始無效
Voir dire（F）	本義爲講眞話（speak the truth）。用來表示法官和當事人及律師對候選陪審員或證人通過詢問來審查其是否具備作爲陪審員或證人的資格及適當性的程序

　　法庭上口譯員常需於當場視譯部分起訴書或判決書，就可能遇到法律專業術語，所以平時要記得遵守翻譯原則，若無法翻譯出對應的法律用法，就用較白話方式解釋，但至少要瞭解這些法律術語的涵義，以下舉例子說明之：

刑事起訴書

蔡○○與林○○於民國94年12月4日，在台北縣中和市（現改制為新北市中和區，下同）奇眞餐廳舉行公開結婚儀式並宴請多位賓客，雖未辦理結婚登記，惟依當時民法親屬編之規定，林○○仍為蔡○○之**合法配偶**。蔡○○明知其係已有配偶之人，竟基於**重婚**之**犯意**，於102年5月20日與許○○前往台北市中山區戶政事務所辦理結婚登記（斯時民法親屬編已改採登記婚制度），而重為婚姻。

說明

這邊「犯意」便是犯罪心態，英文可用guilty intent；「合法配偶」意思是依據法律程序結婚的配偶，英文有legal、lawful、legitimate相近字可選擇，以前兩字較適當。

1. 「**legal**」

按《牛津現代高級辭典》意為：connected with、in accordance with、authorized or required by the law（性質上是屬法律的、合法的、法律承認的、法律要求的、法定的），所以「法律行為」是legal act，「法定地址」是legal address，「法定代理人」是legal agent，「法律效力」是legal effect。

2. 「**lawful**」

根據Findlaw Legal Dictinary意為：1. (1)being in harmony with the law；(2) constituted, authorized, or established by law；2. law-abiding，所以強調「遵循法律的」、「合法的」，例如：「合法行為」是lawful action，「合法政黨」是lawful party，「合法財產」是lawful property，「合法席位」是lawful seat，「合法婚姻」是lawful wedlock等。

3. 「**legitimate**」

根據Findlaw Legal Dictinary意為：being in accordance

with law or with established legal forms and requirements or conforming to recognized principles or accepted rules and standards，所以是正規的、正當的，強調既是合法的又是正當的，例如：「合法防衛」、「正當防衛」是legitimate defense，「合法的自由」、「正當的自由」是legitimate freedom，「合法收入」、「正當收入」是legitimate income，「合法的宗教活動」是legitimate religious activities等。

智財權判決書

揆諸前揭規定及判決意旨，告訴人既非本案犯罪之直接被害人，應無告訴權，告訴人自不得提起本件告訴，其告訴並不合法。原審未查，即遽為**實體判決**，適用法則尚有未洽，檢察官上訴仍執前詞指摘原判決不當，請求<u>撤銷</u>改判，雖無理由，惟原判決既有上開可議之處，即屬難以維持，自應由本院將原判決予以撤銷，另為公訴不受理之判決。

說明

這邊智財案件之「告訴人」叫「plaintiff」，「被告」叫「defendant」，其他性質案件的英文原告及被告說法如：民事案件的「原告」和「被告」分別為「plaintiff」和「defendant」；離婚案件的「原告」和「被告」分別為「petitioner」和「respondent」；海事案件的「原告」和「被告」分別為「libellant」和「libellee」；刑事案件的「自訴人／公訴人」和「被告人」則分別為「private prosecutor／public prosecutor」和「the accused」；而仲裁中的申請人和被申請人則分別是「claimant」和「respondent」。

「實體判決」意思便是根據具體法律所作的判決，法律有實體法（substantial law），如國內的民法、刑法等，及程序法（procedural law），如民事訴訟法。「撤銷」原判決就是收

回前判決，改以另外一種判決，可以考慮的英文字有cancel、withdraw、revoke、rescind，以最後一個rescind較精確，但層次較深，不容易讓一般人理解。

其他較具體的法律術語如：reasonable person或reasonable man，有人譯成「通情達理的人」，這是按其普通涵義翻譯，在法律文件中這樣翻譯就不合適，應譯為「普通正常人」；fruit of the poisonous tree的普通意義是「毒樹之果」，但在台灣法律語篇應譯為「非法蒐集或詢問所取得之證據」；cross-examination，有詞典將其譯成「盤問」、「盤詰」或「反復訊問」，按照英美法系的審判制度，起訴方和被告方均可要求法院傳喚證人出庭作證，在庭上先由要求傳證人的一方向證人提問，然後再由對方向證人提問，也就是起訴方訊問被告方的證人，或被告方訊問起訴方的證人，即雙方交叉訊問證人，所以cross-examination，宜譯為「交叉訊問」；estoppel，譯「禁止翻供」並不妥當，因為estoppel不但指禁止推翻自己的口供供詞，也指禁止推翻自己所做的行為、沈默、默認、隱藏證據等等。這個術語並沒有適當譯法，可以勉強譯為「禁止改口」；due diligence和due care，這兩個詞的意思差不多，有的辭典將due diligence譯為「克盡職責」，這是不大適當的，可譯「應有的注意」。與之相反則是negligence，沒有做到due care或due diligence即構成negligence（過失）；discovery不是「證據發現」，而是開庭前訴訟兩造間的「開庭前準備會議」；再例如一般用法adequate和sufficient意思相近，但用在法律術語上，sufficient表示有就可以，adequate表示不但要有，而且要充分達到法律的要求。所以「Consideration need not be adequate but sufficient」意為「只要有要約就足以構成，不必有足夠的約因」（更多法律術語見附錄4-3）。

參、「一致性」原則

法學界有名言：「除非要更改你的意思，否則不要更改你的語言」，以及「一旦你打算更改你的意思，就要始終相應地更改你的用語」，使用法律文字應避免使用兩個或兩個以上未明確定義的詞語敘述同樣事物，法律譯者也要銘記這樣的原則。法律術語要求「一致性」，即「單義性」，是指一個法律術語在某個法系或法律體系中只表示一種法律概念，而這一法律概念反過來又只能用這個術語來表示。法律用語與日常用語不同，日常用語的近義詞使用廣泛，文學語言中甚至鼓勵使用同義詞，以便使文學作品更有變化更有韻味。

但法律語言翻譯如果缺乏一致性和同一性，無疑會使法律概念混淆，也會使民眾不必要地去揣測不同詞語的差別，從而影響法律資訊傳遞的精準度。表現在法律英語辭彙翻譯過程中，如「未成年人」在英文中有「infant」，和「minor」兩個詞，當我們在翻譯同一材料時若選定「infant」，在下文中就不能隨意用「minor」；又若翻譯「外國公司」已選定「alien company」就不要突然換成「foreign company」，因為「foreign」在美國法律可以指未依州法設的外州公司。

「一致性」這個原則從一個詞還可擴大到一個句、一個段落、一篇文章、整篇法律文章。整個法律條文僅可能有一個譯本，若一個法律條文出現多重譯本，豈不是讓人無所適從，帶來麻煩並易引起訴訟，例如以下員工評鑑辦法第11條與第12條，若「辦法」一開始便翻譯為「measures」就應該貫徹到底，免得讓讀者有疑義，不知道是指哪個辦法。

第11條　　本辦法如有未盡事宜，悉依相關規定辦理。

Article XI　Any case which is not covered in this <u>measure</u> should be handled with relevant regulations.

第12條　　　本辦法經校務會議通過，陳請校長核定後實施，修正時亦同。

Article XII　This <u>measure</u> has been reviewed and passed by the School Affairs Meeting and approved by the university president. Any amendment of this <u>measure</u> shall undergo the same process.

　　再如台灣高等法院的通譯倫理規範，一開始採用「Code of Conduct」，後面條文再指涉這個規範，就應該採用一致性原則，避免採用其他指稱而引起混淆：

一、為提升法院傳譯品質，建立通譯行為基準，特訂定本規範。

　　The Code of Conduct for Court Interpreters (hereinafter as this <u>Code</u>) is drafted and ratified to improve the interpretation quality in courts and to establish behavioral standards for interpreters.

二、通譯應守法令及本規範，秉持熱誠及耐心，以公正、誠實之態度執行通譯職務。

　　An interpreter shall be subject to laws and this <u>Code</u> and shall perform interpretation duties impartially and honestly based on the principle of enthusiasm and patience.

肆、雙重功能對等原則

　　法律術語是用於表達法律概念，指稱或反映法律領域特有或法律相關事務現象或本質屬性的法律用語。在國際術語的標準化中，要將一個學科的術語在不同語言中予以標準化，就必須將其背後的概念語標準化，這在自然學科比較容易，但法律制度下形成的術語是一個國家歷史與文化的產物，法律術語不易、甚至是不可能標準化的。

　　國外語言學家分析法律術語的不對應現象，發現有些術語移植到另一個法律體系會出現新的含意，兩種法律系統的術語不容易對應，例如在英美法系（Common law）與歐陸法系（Civil law）之間就是如此。前面舉例過，在台灣刑法裡有關殺人罪，分為故意或過失、預備、未遂、教唆、幫助、義憤殺人、母殺子女、加工自殺等不同罪名；在英美刑法則有murder（謀殺，分一級、二級）、felony murder（重罪謀殺）、manslaughter（一般殺人，分故意和非故意），非故意（過失）殺人又分為非自願過失殺人和輕罪殺人等等。兩種法制下的刑罰不同，有時很難找到很精確的對應翻譯，也不容易找到具有相同法律效果的等價法律術語。再如歐陸法系沒有陪審團，因此碰到與陪審團相關的術語如peremptory challenge，字面上的意思是「不容抗拒的挑戰」，在英美法系裡意指要求明顯不合作的陪審員需要「絕對迴避」，學歐陸法系的人可能就不知道它是什麼意思。再如陪審團的制度裡的Allen charge或dynamite charge意指在陪審團的意見僵持不下，法官給予陪審團的訓諭，請其重新認真考量（李憲榮，2009）。

　　英國律師被分為barrister及solicitor，其他國家都沒有這種劃分，台灣當然也沒有。「陪審」在英美國家、中國大陸、及日本的概念不同，若是簡單的以「陪審」去翻譯英美法的「jury」，且不多加說明，就會造成法律觀念的遺失及扭曲。有些法律用語有其法定的語意及施用對象，中文最具代表性的核心詞彙如「起訴」、「上訴」、「原告」、「被告」、「判決」、「裁定」、「交保」、「羈押」、「緩刑」、「假釋」、「交叉訊問」，這些法律術語適用於一定的語境，隨便改用他詞，正確性及嚴肅性將會降低。

　　法律術語會不斷演變，一些社會通用詞語也有可能進入法律詞彙；法律詞彙經過法律概念的整合也有可能演變成法律術語，某些法律術語也可能在演變中消失。德國Reiss、Vermeer、Nord等提出「功能對等」理論，法律學者進一步針對法律術語，提出雙重對等

理論（dual equalivance，即語言及法律功能的對等），翻譯法律術語，要達到法律功能的對等，必須謹慎比較源語及譯語，考量每一個法律術語背後的概念，確定這樣的譯語會達到與源語相同的法律效果（legal effect）。概念的對等主要有三種，如下解釋：

完全對等：法律學者認為僅可能發生在相同法律體制下的不同語言區域，如比利時、芬蘭、瑞典及加拿大，在不同法律體制下則不可能。

近乎對等：某國家繼受了另一個國家的法律體制，所以這兩個國家的語言轉換時，法律概念會有近乎對等的現象，如印尼與荷蘭、土耳其與瑞典、日本與德國、德國與台灣；再如重婚罪的內容在世界各地大概都一樣。

部分對等：如殺人罪在台灣和在美國就有不同的概念，台灣刑法關於殺人罪，有故意或過失、預備、未遂、教唆、幫助、義憤殺人、母殺子女、加工自殺等不同罪名；在美國刑法的殺人罪（homicide）裡有murder、manslaughter、attempt to commit murder or manslaughter和conspiracy to murder等等，而murder又分一級、二級，manslaughter分主動和被動等等。要把台灣刑法的殺人罪翻譯成英文時，僅能在美國刑法的殺人罪裡找到部分對等而已。又有法國的hypothèque和英文的mortgage，前者不包括動產，後者包括動產及不動產，這也是一種部分對等（Šarcevic, 1988, p. 444）。

實際轉換若遇到困難，可以採用「詞意擴充」或「描述性解釋」以補充「部分對等」的情形，使用「中性術語」、「借代法」或「創造新詞」來解決無對等的問題。舉例來說，國外有的Affidavit，大陸法系找不到對應，台灣亦沒有，我們可採解釋型（paraphrase）的翻譯，譯為「書面口供」或「宣誓書」。

deposition在法律上的意義可採用另造新詞法（neoglism），譯爲「庭外採證」，雖然讓一般人不解，仍不可譯爲「證詞」，以免與「testimony」搞混。其他如保留原文，附上註解等都可以考慮。有關英文譯成中文的法律術語，有法律翻譯學者歸納了幾種方法，第一是不譯或音譯，如NGO（非官方組織）；第二是生造法，如將access to justice譯爲「走入正義」，拉丁文amicus curiae按字面涵義被翻譯爲friends of the court；第三是意譯生造法，最後這種方法經法律學者朱定初（2000）應用，產生了不少新的法律新詞（見附錄4-2）。

伍、結論

　　總括上面諸多討論，翻譯法律術語時，譯者須瞭解翻譯的目的（purpose）、情境（context）和翻譯用途，勤查法律工具書和參考書（請見附錄4-1），在法律功能對等的前提下，對於含義明確的原詞即應確切翻譯，以免造成不應有的模糊。由於法律制度的不同和社會科學及自然科學的發展，新事物的產生常常被要求用新的法律術語來表達，在洶湧的全球化和新的科學技術影響下，原有的常規字詞已經無法確切表達許多最新發生的社會法律現象，因而法律英語中出現大量新的詞彙。法律譯者在考量使用新詞時，務必謹慎行事，第一要符合譯入語的構詞規律及國人用語的習慣，第二要保證源語和譯語有相似的法律功能。

附錄4-1　朱定初翻譯法律新詞舉隅[1]

Baby M laws（n.）代理孕母法律

說明：近年來，隨著人工受孕技術的進步，美國許多不孕婦女紛
　　　紛尋求所謂「代理孕母」（surrogate mother），類似中國過
　　　去的「借肚生產」，但男方與孕母之間不發生性關係，通常
　　　是由醫師取不孕夫婦中男方的精子和孕母的卵子實施人工受
　　　精，使其懷孕生產，產後再將嬰兒交還「生父」。但此方式
　　　有時卻因代理孕母「違約」，拒絕將「十月懷胎」而生產的
　　　親生嬰兒交給生父，引起爭奪嬰兒的訴訟，且在法律上嬰兒
　　　究竟是否應歸根本無婚姻關係的生父或生母，也成為美國法
　　　律界爭論的議題。

Domestic partnership（n.）家庭夥伴關係

說明：Domestic在此處意指家庭。二名同性戀者公開組織家庭，並
　　　成立一種類似婚姻的關係，因非男女間的正式婚姻關係，所
　　　以只能稱作「家庭夥伴」（連「伴侶」都算不上）。此種關
　　　係在法律上雖不具任何效力，但卻為美國公眾所承認。此
　　　外，少數都市（如紐約、舊金山）已允許同性戀者向當地
　　　政府註冊成立家庭夥伴關係，並承認其在健康保險、人壽保
　　　險、遺屬撫恤金等方面的合法效力。1999年，兩名英國同性
　　　戀男子借助於兩名美國婦女（一人捐助卵子，與兩名男子其
　　　中一人的精子結合，另一女子充任代理孕母），在美國加州
　　　產下一男一女雙胞胎，引起英、美兩國社會矚目和英國法律
　　　上諸多問題。然而就加州法律而論，不僅兩名男子之一是雙
　　　胞胎的合法生父，且依加州法院於1999年10月作成的一項

---

[1]　出自〈美國法律新詞試譯〉，《中國翻譯》，2000（4），頁45-51。

判例，兩名男子皆可在嬰兒出生證明上列爲「未來家長」，合法擔任父職。

Carjacking（n.）劫車

說明：持械搶劫汽車，且通常是名牌豪華轎車，以之作爲逃亡或犯罪之用。此字意義明顯，和hijacking、skyjacking、shipjacking、taxijacking等字異曲同工。Carjacking一詞的表兄弟是carclout（n.）（趁車主不在車內時，在停車場破窗而入，竊取財物或車輛）。

Dirty Harriet Syndrome（n.）生手症候群

說明：指新進的女性員警人員爲掩飾其缺乏經驗和過度緊張的弱點，在執法時常對嫌疑犯過分使用暴力而侵犯其基本人權的一種病態。對於男性員警生手故示硬漢作風、過度使用暴力則稱爲John Wayne Symdrome（John Wayne是美國好萊塢西部牛仔電影中老牌明星，專演硬漢警長，香港譯爲尊榮）。

附錄4-2　法律翻譯研究資源

台灣司法院特約通譯專區　http://www.judicial.gov.tw/Intrprtr/
全球法規資料庫　http://law.moj.gov.tw
司法院全球資訊網　http://www.judicial.gov.tw/
司法院法學資料檢索系統　http://jirs.judicial.gov.tw/Index.htm
立法院法律資料系統　http://lis.ly.gov.tw/lglawc/lglawkm
司法院雙語詞彙查詢　http://www.judicial.gov.tw/blg/bilingual.asp
大法官解釋　http://www.judicial.gov.tw/constitutionalcourt/p03.asp
元照出版社　http://lawyer.get.com.tw/Dic/
法源法律網　http://1062951.jtg.com.tw/
國家教育研究院雙語詞彙　http://terms.naer.edu.tw/
線上台灣法律中英對照語料庫查詢系統
　　　http://kwic.law.nagoya-u.ac.jp/taiwan/
司法院雙語詞彙查詢　http://www.judicial.gov.tw/blg/bilingual.asp
Black's Law Dictionary Online　http://thelawdictionary.org/
Findlaw Legal Dictionary　http://dictionary.findlaw.com/
National Center for State Courts
　　　http://www.ncsc.org/Education-and-Careers/State-Interpreter-
　　　Certification/Legal-Glossaries-and-Dictionaries.aspx

附錄4-3　常用詞彙的法律涵義

1. Accommodation party　票據融通人
2. action　訴訟
3. alien　讓渡、轉讓（所有權）；外籍的
4. assigns　受讓人
5. assumption　承擔
6. attachment　扣押
7. avoid　規避、撤銷
8. balloon payment　期末整付
9. bill　貨運單；匯票
10. booking　登記、預定
11. brief　摘要
12. charge　起訴、指控
13. cause　理由
14. clean hands　清白
15. color　法律權力之表象；表面合法的權力
16. consideration　審議
17. counterpart　副本
18. covenant　協議、條款
19. cover　購買替代物權
20. damages　損害
21. demise　出租、轉讓；遺贈、繼承
22. depose　提供書面證詞、作證；罷免
23. demur　抗辯
24. discovery　證據調查；公布財產
25. distress　財務扣押；被扣押的財產
26. draft　匯票、草案
27. draw　開具、簽發；挑選（陪審團）成員；草擬

28. eminent domain　國家徵用權

29. endorsement　背書、簽名、簽署

30. equitable　合乎公平原則的

31. fee　費用

32. fee simple　非限嗣繼承地產（權）

33. finding　裁決

34. garnish　傳喚

35. hand　簽名、宣誓；人手

36. honor　承兌（票據）

37. inconvenience　不方便、不平靜；麻煩、打擾

38. information　訴訟；起訴書

39. instrument　文書、檔

40. interest　權益

41. issue　簽發、爭論點、子嗣

42. majority　成年

43. master　法官助理

44. motion　訴訟上之聲請

45. note　評論

46. of course　遵循法定程序的

47. paper　訴訟文書

48. party　當事人的一方

49. plead　答辯、應答

50. power of attorney　委託書

51. pray　請求

52. prejudice　損害、侵害

53. prescription　時效

54. presents　文件

55. provided　以……爲條件；除非、如果

56. purchase　（通過轉讓、贈與、抵押、留置等非繼承方式對土地等不動產的）取得、獲得

57. quiet possession　確定占有

58. remove　制止、移送

59. review　審查

60. said　上述的

61. save　免除

62. security　證券、保障

63. sentence　刑事判決

64. serve　（訴訟文書）送達

65. show　說明、證據提示

66. specialty　蓋印契約

67. tender　償還；履行

68. tenement　保有物

69. utter　使用偽造物品

70. vacate　撤銷、廢除、宣布無效

71. virtue　力量

72. waive　放棄權利

第五章 法律語言的歧義性與模糊性

壹、前言

Mellnkoff（1963）指出：「法律是個充滿話語的行業」（The law is a profession of words）。[1]經由話語，才有契約、法規的制定及憲法的形成。全球化的結果，使得不同語言背景的人們在公共事務和司法服務的領域互動愈來愈頻繁。在這種情況下，重要的是要使用清楚準確的語言讓彼此理解，以避免產生誤解與爭端。然而，法律語言向來具有一定程度的模糊性（vagueness），以便有更廣泛的參考和更廣泛的應用。有時，在法律文本的背後，儘管立法者極努力，文字中的含義卻不那麼清楚，有時候甚至不止一個意思（ambiguous meaning），導致不同方出現不同解釋。當這些情況發生，各方和個人之間的差異不能解決時，他們可能會將自己的解釋向法庭仲裁者提出，法律翻譯者針對這些問題必須有一定程度的瞭解。

由於法律語言的研究是一門跨學科的領域，既包括法律科學也包括語言學，從事法律與語言的研究並不簡單。以前的重要研究例如Gibbons的Language and Law（1994）及Golanski的Linguistics and Law（2002）。在台灣則有幾篇學位論文，其中包括胡碧嬋（2008）對台灣刑法的模糊性探討，到目前為止，綜合探討法律之歧義性與模糊性較少。因此，本文旨在填補這方面的空白，其中歧義性現象更藉由美國一刑事案件，來分析法規模糊如何影響刑度

---

[1] 這是David Mellinkoff在其有名著作 *The language of the Law*（Boston: Little, Brown & Co., 1963）開頭的話。

的運用，期盼這些研究結果將對嫌疑人詢（訊）問、法院聽證和審判時的語言使用有所幫助。

貳、歧義性

語言的歧義性（ambiguity）一般分爲兩種：詞彙歧義和結構歧義。語言隨著人類活動而演進，詞彙的歧義性愈來愈普遍。舉個例子如「ball」，在英文中這個詞可以表示像足球、排球或籃球這樣運動的圓形體，另外也可以用來指代正式的舞會，因此是不明確的，我們需要依靠上下文來決定正確的含義；另一個例子是「bank」，可以指示提供金融服務的組織，也可指河流邊，又或者一些其他可能的含義。又句子中的詞彙歧義可能會導致整體上句法意義的含糊，例如「Bill dies in House」的報刊標題是不明確的，因爲它可以表示一個名叫「比爾」的人在家裡死亡，或者立法法案未獲眾議院通過。另一個例子來自Noam Chomsky的名句：「Flying planes can be dangerous」這句話有兩個可能性，第一是「駕飛機可能是危險的」（flying當動名詞）或「正在飛的飛機可能是危險的」（flying當現在分詞作形容詞），「飛行」的詞彙意義因此模糊。

當一個句子整體上有不止一個意思時，這被稱爲「結構歧義」，這意味著一個句子在結構上是不明確的，導致句子的多重解釋。以下的短語或句子有一個以上的基礎結構，如「Tibetan history teacher」、「short men and women」及「The girl hit the boy with a book」。這些例子具有結構性的模糊意義，因爲每個這樣的短語或句子都可以有兩種不同的結構來表示。另一個例子：「The chicken is ready to eat.」（雞已經準備好吃了），可以用來描述一隻飢餓的雞或一隻烤雞，因此容易造成爭議。

美國法院於1994年有一個爭議案件[2]，一名郵差（Granderson）被控破壞郵件（destruction of mail）之罪名，遭到法院起訴，根據美國相關的判刑指引，該罪行的可能監禁範圍為0至6個月，當地法院依此判處這名郵差5年的緩刑和罰款。之後，Granderson被驗出吸食毒品，當地法院再根據政府規定：如果發現緩刑人員持有非法藥物，法院應吊銷緩刑判決，並判處被告不低於「原判刑」三分之一之刑期（「the court shall revoke the sentence of probation and sentence the defendant to not less than one third of the original sentence」），當地法院根據這項規定，得出結論認為「原判刑」一詞是指判緩刑的施行期限（60個月），而不是原來判刑指引授權的0-6個月監禁範圍。這名郵差被告不服，但州法院還是駁回Granderson之說法，認為應該有20個月的監禁。Granderson於是往上層法院上訴。上訴法院審查了原來的判刑依據，撤銷了Granderson的緩刑，並將監禁期改為原來判刑指引所說的三分之一（即2個月），上訴法院同意Granderson說法：「原判刑」是指「判刑指引」授權的監禁範圍，而不是指緩刑期。

在這種情況下，有幾種可能的方法來解釋這種法律的歧義性。原來判刑指引上是說：「If a person on probation is found possessing an illegal drug, **the court shall revoke the sentence of probation and sentence the defendant to not less than one third of the original sentence.**」，我們可以分析出以下可能：一、原句子受詞sentence和後來的動詞sentence有可能意味著相同的事情——緩刑；或二、前面sentence和後面sentence指的是不一樣事情，前者是一般監禁，後者是指被告人被判的緩刑期；或三、原句子受詞sentence和後來的動詞sentence不是指緩刑，但意味著一般的判刑。我們下來用Chomsky（1986）的樹狀理論分析美國政府這項判刑依據的文字結構：

2　參見511 U.S. 39 (1994).

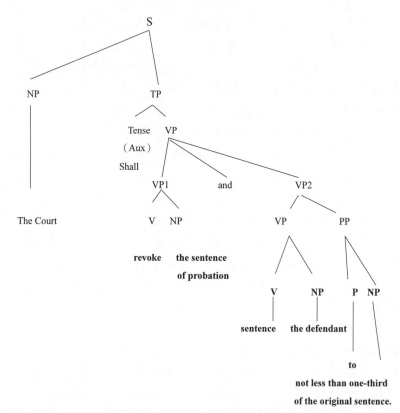

圖5-1 以樹狀圖分析「the court shall revoke the sentence of probation and sentence the defendant to not less than one third of the original sentence.」

　　可以看出上面樹狀圖有兩個以連接詞and連接的獨立句子，同一句子、同一個單詞的解釋（如本句的sentence、sentencing）依語言學觀點有所謂一致性原則（consistency）。

　　上訴法院先撤銷了Granderson的緩刑，然後撤銷原州法院的判決，新的判決來自於：法院同意Granderson所稱，認為「原判」（original sentence）是指「判刑指引」所建議的監禁範圍，而不是

指後來的緩刑期。上訴法院提出以下理由：第一，不可能廢除原來被告的緩刑期再施加新的緩刑期，而且短於原來的緩刑期，這不符合語言的合理性原則；其次，根據語言學一致性原則，一句話中的同一個詞，不管是作動詞或名詞，應該是指一類的動作。在這個例子中，如果句中的動詞sentence是指監禁刑罰，同一句話中的名詞sentence若表示「緩刑」，則違反了一致性原則，因此後面的可能性應該被消除。由此看來上訴法院在作新的裁量時，是應用了語言學的概念。

參、模糊性

語言的「模糊性」（Vagueness）與語言的「歧義性」不同。「模糊性」是指不清楚的東西，例如，報紙上的徵人啓事「Help Wanted」是模糊的，因爲它沒有指定什麼樣的help。模糊性可能會導致誤解，因爲有些人可能會根據提供的有限信息得出不同的結論。模糊性在法律上被建議用於不確定或廣泛的事物，例如，在警方發布的一份報告中：「一名年齡約四十歲的女性，短髮，稍胖，皮膚稍黑，今天在河岸被發現」。這個描述在某種程度上含糊不清，代表這位女性的外觀有相當不確定的屬性。對於一國的法律而言，模糊性或是立法者故意的，以便有更廣泛的參考，或有可能是立法者的疏失。本節討論立法者的故意情況，如民法第149條：「對於現時不法之侵害，爲防衛自己或他人之權利所爲之行爲，不負損害賠償之責。但已逾越必要程度者，仍應負相當賠償之責」。此處「已逾越必要程度者」屬於法律不確定概念，而後面「負相當賠償之責」爲執法機構裁量權的行使。再如國內刑法第234條條文前半：「意圖供人觀賞，公然爲猥褻之行爲者，處一年以下有期徒刑、拘役或三千元以下罰金」，[3]條文中「猥褻」也是不確定的法

3　以上兩個法條參考法源資訊網 http://db.lawbank.com.tw/FSYS/。

律概念，我們不知道確切定義異是什麼。還有，國內民法的立法正義是基於「公共秩序」、「公序良俗」及「誠實信用」一般原則，這些表達也具有某種程度的模糊性，以便有廣泛的運用空間。

其他如美國憲法第五修正案中指出：「No person shall be held to answer for a capital, or otherwise infamous crime, unless on a presentment or indictment of a grand jury, ⋯ nor shall any person be compelled in any criminal case to be witness against himself」，意思是「任何人不得被控以死刑或其他惡名昭著的罪行，除非是經由大陪審團陳述或起訴……任何人也不得在任何刑事案件中，遭強迫爲自己作證」。這裡的「任何人」和「任何刑事案件」含糊不定，立法者意圖盡可能涵蓋相關的主題。起草國際條約時所針對的對象是另一個很好的例子，因爲它們必須具有一定程度的應用靈活性，以適用於廣泛的情況。例如，聯合國批准的貿易法委員會文件，被大多數成員國用於處理商業仲裁。一方面，貿易法委員會的案文在確定權利和義務方面必須準確；另一方面，這些規則必須涉及廣泛，有時是不可預知的範圍，爲了滿足這種需要，詞語的使用必須盡可能全面。

如前所述，所有的契約、法規及憲法制定都是通過文字而形成。更具體地說，這些詞可能包括普通詞（ordinary words）和專門詞（即術語）（terms）。不管是普通詞或術語，都可能存在模糊性，例如，當聽到諸如「證據不足」（insufficient evidence）或「適當的補救」（adequate remedy）這樣普通的表達時，我們不確定有多少證據是足夠的，或者怎樣的補救措施應是適當的。不懂某一專業的外部人士使用不熟悉的術語，也容易造成模糊性，例如，在訴訟的背景下，不會期望外行人知道「集體訴訟」這樣術語的確切含義。在翻譯過程中，模糊性會導致困難，以普通法爲例，「合理的」（reasonable）概念經常出現，例如：reasonable steps、reasonable measures、reasonable person and proof beyond a reasonable doubt，當翻譯成大陸法系國家的語言時，這個概念便容

易變得過於模糊。相反地，就中文法規翻譯成英文而言，例如台灣的勞基法第9條之1，明定離職後競業禁止之相關規範與效力，該條規定：「（Ⅰ）未符合下列規定者，雇主不得與勞工為離職後競業禁止之約定：一、雇主有應受保護之正當營業利益。二、勞工擔任之職位或職務，能接觸或使用雇主之營業秘密。三、競業禁止之期間、區域、職業活動之範圍及就業對象，未逾<u>合理範疇</u>。四、雇主對勞工因不從事競業行為所受損失有<u>合理補償</u>。（Ⅱ）前項第四款所定<u>合理補償</u>，不包括勞工於工作期間所受領之給付。（Ⅲ）違反第一項各款規定之一者，其約定無效……」[4]上述畫底線處如「**合理範疇**」及「**合理補償**」到底合理程度有多少，也是十分不清楚。翻譯的策略似乎也只能以模糊語對應模糊語，只怕不瞭解法律的讀者還是不懂，不清楚是原文還是翻譯的問題。

肆、結論

前述提到法律是充滿話語的行業，法律語言的表達追求精確性與一致性，又法律語言含括在人類語言中，不免有歧義或模糊的時候，法律翻譯者在追求精確的過程中，若遇到契約或法規在某字或某段話之意義模糊，此時該如何解決？法官面對模糊與精確有其解釋方法，此時譯者的策略是否直接以模糊對應模糊，或是先對原文的法律解釋充分瞭解，再加以補充或說明，這些都是值得思考的問題。

4　參見全國法規資料庫 http://law.moj.gov.tw/LawClass/LawAll.aspx?PCode=N0 030001。

第六章　法庭口譯的技能培養

壹、前言

　　法庭言說的研究可追溯至西方的希臘羅馬時代，本文從古典修辭學觀點探討現代法庭口譯技能的培養。讀者可能會好奇，法庭口譯的技能培養怎麼會跟古典修辭學有關？當時一批古典修辭學家注意到法庭訴訟是一種特別的言說，需要有一套特別的技能。希臘哲學家亞里斯多德著有*Rhetoric*一書，其中便將演說分為三類：訴訟（forensic）、商議（deliberative）與褒貶（epideictic），訴訟演說大多是指法庭上律師所作的控告或辯護。他與後來許多的演說家如西塞羅（Marcus Tullius Cicero, 106-43 B.C.）與昆體良（Marcus Fabius Quintilianus, c.35-c.100）等皆強調，演說者培養一套完善的技能能讓公開的演說更具有說服力。昆體良還說：「我所要培養的人是具有天賦才能，在全部自由學科上都受過良好教育的人，是天神派遣下凡來為世界爭光的人、是前無古人的人、是各方面都超群出眾、完美無缺的人、是思想和言論都崇高聖潔的人。」綜合以上，昆體良和西塞羅皆在在強調一位演說家，包括法庭演說家，應該具有完善的技能及高尚的情操。

　　若不限於法庭場所，中國古代其實也有類似西塞羅修辭學的言說之術，且多蘊含在政治、經濟、哲學方面的言說之中，如孔子《論語》中充滿他對演說修辭的看法與理想。《論語・憲問》：「有德者，必有言。有言者，不必有德。」、《論語・學而》：「巧言令色，鮮矣仁」、《論語・衛靈公》：「辭，達而已矣」、《論語・雍也》：「質勝文則野，文勝質則史，文質彬彬，然後君子」，漢朝劉向也說：「夫辭者乃所以尊君、重身、安國、全性者

也。故辭不可不修而說不可不善」。一語道破先秦以來修辭目的及誠心的重要。

不過，法庭口譯畢竟不是演說者。筆者根據自身從事法庭口譯工作多年，認為這些古典修辭學者所提出的法庭言說技能與所需具備之情操還是有可借鏡之處。本論文先梳理西塞羅式的法庭演說學，討論其所謂演說者的五大技能，包括：立題、布局、措詞、記憶與台風的培養，接著聚焦於現代法庭言說的特點及口譯者所需注重的三大技能：措詞、記憶與台風。第肆節檢視早期與現今臺灣高等法院所舉辦的通譯課程，思考任何可改進之處以提升口譯者品質。結論提出，法庭口譯者協助法官釐清案情、伸張正義，口譯結果深深影響法官判刑，法庭口譯者在訓練上可加強法庭言說所需之措詞、記憶與台風三技能，並把握交際對象原則。在品格上應培養西塞羅所謂理想演說者的特質，想像自己是城邦中的道德領袖，如此才能發揮法庭言說的力量。

貳、西塞羅的法庭演說學與五大技能

一、法庭演說學的起源

西塞羅式的演說學始於2000年前希臘羅馬時代的法庭演說。當時法庭充斥許多市井小民的財產糾紛與申訴案件，民眾無法委任律師，部分修辭學家如亞里斯多德、西塞羅與昆體良等於是教導大眾嫻熟這種辯論與說服人的技術，最終目的在於使語言能最有效地傳達出去並說服聽眾。法庭辯論之外，亞里斯多德主張這樣的論辯之術還可應用在另外兩種類型的演說：褒貶性（epideictic）與商議性（deliberative）。褒貶性是針對目前的事情下評論，商議性是針對未來事情設法去說服聽眾。西塞羅是一位哲學家、演講家，也兼職業政治家，他認為一個理想的法庭演說者應先反求諸己，具有崇高的道德與品格，並且時時告誡自己：「沒有誠實，哪來尊嚴」。這種誠實來自於內心對善惡的判斷，源於個人品質的堅守。他於紀

元前五十五年左右，完成了可以說是人類說話史上第一本最重要的著作《論演說雄辯術》（圖6-1）（De Oratore）。西塞羅在書中主張，人為了公共問題與利益，必須對人民直接說話，但說話者首先必須知道自己在說些什麼，因而「演說雄辯術」必須以「普遍的人間知識」，如倫理學、規範因果的物理學、心理學等為基礎。「演說雄辯家」的第一步是要成為「好人」，他主張理想演說者的特質，應想像自己是城邦中的道德領袖，技巧與德行並重，這在人類的話語史上，實在有著先驅性的貢獻。昆體良的著作《雄辯術原理》（Institutio Oratoria）（圖6-2）也有類似見解，強調一位雄辯家必須是一位善良正直的人，其任務是宣揚正義與德行，既要擅長演說，也要通曉各種有價值的知識。

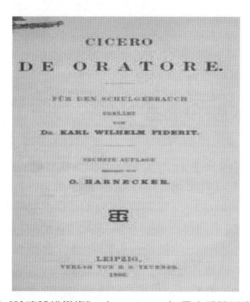

CICERO
DE ORATORE.

FÜR DEN SCHULGEBRAUCH

ERKLÄRT
VON
Dr. KARL WILHELM PIDERIT.

SECHSTE AUFLAGE
BESORGT VON
O. HARNECKER.

LEIPZIG,
VERLAG VON B. G. TEUBNER.
1886.

圖6-1　西塞羅《論演說雄辯術》（De Oratore）是人類說話史上最重要的第一本著作[1]

---

[1]　2017/10/7 https://archive.org/details/cicerodeoratore01ciceuoft

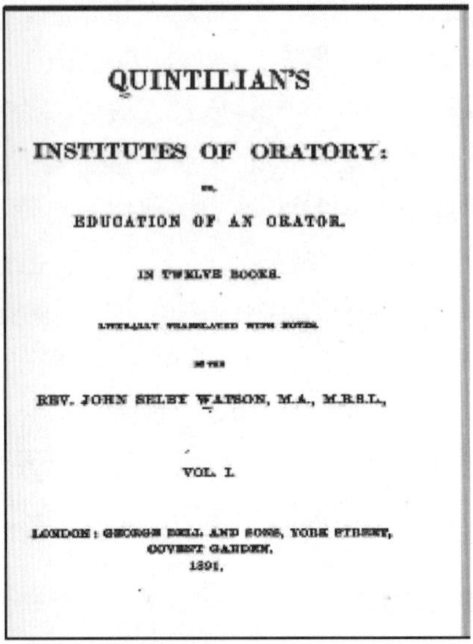
QUINTILIAN'S

INSTITUTES OF ORATORY:

OR,

EDUCATION OF AN ORATOR.

IN TWELVE BOOKS.

LITERALLY TRANSLATED WITH NOTES.

BY THE

REV. JOHN SELBY WATSON, M.A., M.R.S.L.,

VOL. I.

LONDON: GEORGE BELL AND SONS, YORK STREET,
COVENT GARDEN.
1891.

圖6-2　昆體良的著作《雄辯術原理》（Institutio Oratoria）[2]

二、法庭演說的五大技能

西塞羅尤其認為演說者需培養五種技能：立題、布局、措詞、記憶及發表。根據他的定義：立題（invention）是找到決定舉例相關事體，對事體進行推理論辯；布局（dispositio）是將可用的話題與相關論辯作妥當的安排，決定於什麼地方提出；措詞（elocutio）是使用適當的語言詞彙以表達當前的話題，可能利用文學上的聲韻或其他美感技巧，在潛意識打動聽眾，如隱喻、誇飾或是諷刺技巧的應用；記憶（memoria）是牢記各個話題間的布局以及所需措詞；發表（pronuntiatio）是恰當地控制聲調、表情、手勢動作等，也就是臨場的台風。西塞羅認為以上五種技能可透

[2] 2017/10/7 https://archive.org/details/quintiliansinst05quingoog

過理論規則來學習、模仿及演練漸臻於完善。[3] 西塞羅另外提到三種「演辯」風格（style），一是莊嚴的（grand），另一是坦率的（plain），最後是緩和的或中庸的（tempered or middle），這樣分類主要有三個目的：讓「坦率」型式來向觀眾證明（proof），用「中庸」形式來取悅（please）觀眾，以「莊嚴」型式來影響（sway）觀眾。他主張演辯者可根據論辯的主題、情況及觀眾來選擇該有的論辯風格，並可交互使用。

參、法庭口譯的技能

一、現代法庭言說的特點

　　不論古今，法庭言說具有一些共同的特點。首先，法庭上常常不是一人在講話，在場的法官、檢察官、律師及各當事人的背景不一，口譯員特別需要注意這種法庭上多人對話中個別音調、語氣的流動性與轉換。除此之外，口譯員為不同文化、不同語言的當事者做面對面的溝通，通常當事者與口譯員分屬不同社會階層（social spheres），講話所表現的風格（style）因此會有所差異。Hale（1997）便注意到，口譯員在為法官、檢察官翻譯被告所陳述之事情，會將語言層次（register）提高，若是反過來把法官檢察官所說事情翻譯給被告聽，則有降低語言層次的現象（Hale, 1997: 197），以下舉出法庭至少有三種不同的風格表現：

3　英文原文參考胡曙中（2002），《英語修辭學》，頁28："Invention is the discovery of valid or seemingly valid arguments to render one＇s cause plausible. Arrangement is the distribution of arguments thus discovered in the proper order. Exprssdion is the fitting of the proper language to the invented matter. Memory is the firm mental grasp of matter and words. Delivery is the control of voice and body in a manner suitable to the dignity of the subject matter and the style."

（一）法官論知米蘭達權利

你有保持沉默的權利。你所說的或做的都可以在法庭上造成不利你的證據。你有權請律師為你說話，如果你請不起律師，法庭將任命一位給你。最後，你有權利要求法院調查你認為有必要的證據。你瞭解這些權利嗎？

（二）檢察官起訴犯罪事實

上訴人在掐住女嬰的脖子時，即有殺人之故意。因此，雖然在上訴人掐女嬰的脖子後，女嬰尚未因此行為而死亡，但上訴人將女嬰丟至橋下，乃因上訴人當時之認知狀態即為女嬰因本身之掐脖動作而死亡，而打算棄屍，爾後也確實造成女嬰死亡之結果。因此不可否認上訴人確有殺人之犯意。

（三）當事人說話

還要跟我先生一起去法院開庭喔？可以不要嗎？為什麼啊？這樣他不是會更生氣嗎？我就是不想讓他更生氣，這樣我會被他打死啦！他會把我趕出門啊！

以上看來，法官說話較文謅謅，檢察官講話摻有不少法律用語，當事人則因背景與情緒因素，說話可能有不少語助詞，語氣跟法官、檢察官很不一樣，這些都必須納入考量再進行翻譯。

又法庭口譯的形式有多種：同步口譯（simultaneous interpreting）、逐步口譯（consecutive interpreting）、耳語傳譯（whispered interpreting or in French, chuchotage）和視譯（sight translation）。同步口譯正式使用在二次大戰後同盟國對德國21名納粹戰犯所進行的紐倫堡大審，當時涉及5種不同語言，必須採用同步口譯的口譯模式；戰後日本東京大審也使用了同步口譯設備（圖6-3）。同步口譯又稱即時傳譯或同聲口譯，是指口譯員在不

打斷說話者情況下，將說話者的意思以不停頓的方式說給聽眾聽，一般可能是口譯員在口譯包廂（booth）透過耳機接聽發言人的訊息，再透過面前的玻璃窗或監視器監看發言人和會場的情況，以稍稍滯後於說話人的速度，將說話人的訊息傳達出去，我們稱這種稍稍遲延叫「décalage」，會場聽眾可能佩戴耳機接聽自己所需語種。因為口譯員必須聚精會神工作，通常幾十分鐘後便會請另一位口譯員輪替。

圖6-3　二次大戰後東京大審也使用同步口譯設備

資料來源：Takeda, 2010, p. 35.

　　美國法院採用同步口譯很普遍，大多是西班牙與英文對譯，二種語言結構相近，較無困難；日本也有同步翻譯，亦非全程，又稱無線通譯，在法庭上被告透過無線通訊耳機收聽。檢察官和辯護人會依法院指示將擬好的相關文件事先交給通譯員（求刑部分留白）。此外若被告使用語言的特殊性或情節錯綜複雜，審理須耗時一整天時，日本法院也會安排由兩位通譯員輪流進行或分擔翻譯分量；台灣法庭多採用逐步口譯，有時會進行耳語傳譯，逐步口譯亦

稱交替傳譯，是指口譯員在說話人講完一段話後進行口譯，等口譯員講完後說話人又繼續說，並在適當地方再次停頓讓口譯員翻譯，如此循環，直到說話人和口譯員都完成他們的任務，此方式需要較良好的記憶力和筆記能力；耳語傳譯是經由耳語，發生在一兩個人之間，此時口譯員不待在包廂也沒有同聲設備，口譯員乃坐在需要翻譯服務的人旁邊，將說話人的內容以耳語的方式傳達給對方知悉；視譯則通常是一邊看一邊對起訴書、檢驗報告或契約等，以對方能理解的方式用口語表達出去，這種工作模式介於筆譯和口譯之間，亦需要良好的原文閱讀能力和譯語表達能力。以下示範幾種在台灣法庭常見的視譯文件[4]：

法庭起訴書

　　被告係美國人士，前於民國96年5月持觀光簽證入境台灣地區，竟於96年8月8日5時許，在台北市新生北路以自備之折疊刀刺被害人○○○所有小客車之左前方輪胎，致令不堪使用，足以生損害於○○○。

法醫檢驗報告

　　解剖檢查發現：死者男性，70歲左右。生前未遭受暴力，死前曾溺水腹部主動脈有硬化現象，左、右冠狀動脈導致右心房與左心室有10%至90%的血梗塞，左心室肥大，左邊和右邊肺腫，食物殘餘在細支氣管及左右肺泡，左右腎臟血管硬化，另外有脂肪肝和化膿性膽管肝炎等症狀。

民事契約

　　根據契約或法律所約定，假若雇主未能依照本契約所約定之6個月內支付所聘雇員，X公司有權在7天前以書面通知雇主進而終

4　改編自實際收到之起訴書、檢驗報告及契約文。

止本契約。

　　以上看來法庭口譯者需具備語言能力、翻譯能力及基本法律知識。不論法庭口譯者是在法庭、警察局或偵查庭，口譯的原則便是在司法程序與體制下，儘量讓在場相關人士充分理解。

二、法庭口譯技能的培養

　　由於法庭口譯者不同於演說家，主要是語言服務，所涉及的應只是措詞（elocution）、記憶（memoria）與發表（pronuntiatio）三種技能。在法庭，「措詞」是使用適當的言詞來翻譯，所謂不予「匿、飾、增、減」，因而無法使用一般演說家會考慮的文學聲韻或其他美感技巧；「記憶」原來是教導演說家如何熟記演講內容，西塞羅認為它是一種天生能力，但後天可以訓練加以改善，對於法庭口譯，「記憶」是一種非常重要的技能，特別是在不能記筆記的場景，如何培養「記憶」顯得非常重要；「發表」乃恰當地控制聲調、表情、手勢及動作等，也就是臨場的台風，這三項應是法庭口譯者最重要的技能。

　　首先就第一項技能「措詞」而言，請以下面筆者實際收到的起訴書及所附法條為例（圖6-4），可以發現與一般文章的文體不太一樣，母語非中文的口譯員可以因此衡量自身的語言能力是否能勝任，或多加提高這類文體的熟悉度，以從事法庭口譯的工作。

犯罪事實

一、 ████████████████████ 明知其自民國103年 5
月17日晚間11時許，在臺北市信義區█████████████ 夜
店、飲下3、4瓶啤酒後，反應趨緩，已至不能安全駕駛動力
交通工具之程度，仍駕駛車號 ██████ 號自用小客車自上址
起駛；嗣於翌（18）日凌晨4 時48分，行經臺北市信義區██
██████ 前，為警攔檢，測得其吐氣所含酒精濃度高達每公
升0.38毫克。

二、案經臺北市政府警察局信義分局報告偵辦。

中華民國刑法第138條（妨害職務上掌管之文書物品罪）
毀棄、損壞或隱匿公務員職務上掌管或委託第三人掌管之文書、
圖畫、物品，或致令不堪用者，處5年以下有期徒刑。

中華民國刑法第185條之3
服用毒品、麻醉藥品、酒類或其他相類之物，不能安全駕駛動力
交通工具而駕駛者，處一年以下有期徒刑、拘役或科或併科十五
萬元以下罰金。

圖6-4　實際收到起訴書（保密部分訊息略去）[5]

　　收到起訴書時，預先以目標語在腦海中演練一片發生的狀況，
有助於法庭上的臨機表現。英文的「kill」，可以表示有意指地殺
害，也可以表示過失致死，甚至包含因意外事故而死。「I killed
him.」，翻譯成「我殺了他」，跟翻譯成「我害死了他」，感覺自
然完全不同。一個詞彙翻譯得準確與否都可能影響判決結果。日前
有則新聞：高雄一對張姓及陳姓夫妻，訴請離婚時，寫下的和解
書為：「女方要過戶房子給男方，而男方『得』提供一百萬給女
方。」雙方對於「『得』提供一百萬」的「得」究應讀為「ㄉㄜ
ˊ」或「ㄉㄟˇ」有不同意見，因此鬧上法庭。以正式之法律用語
而言，「得」應讀為「ㄉㄜˊ」，表非強制性之義務，行為人有選
擇作為或不作為之自由。反之，如要表達強制之意時，正確之用語
為「應」，訂定契約時要特別注意用語。

5　2008年筆者實際收到之起訴書。

　　就記憶技能方面說，筆者依其親身經驗，法庭上問訊常不離以下細節：何事（What）、何人（Who）、何時（When）、何地（Where）、爲何（Why）、如何（How），由這六個疑問詞所組成的問句，都不是是非題，而是需要實在的答案，早在西塞羅時代，他便提出論辯時需考慮的狀況論（circumstantiae），西塞羅原是修改希臘Hermagoras的Circumstantiae，讓原架構變得較有程序性。Hermagoras所提出的Circumstantiae原來爲：

Hermagoras of Temnos
Quis, quid, quando, ubi, cur, quem ad modum, quibus adminiculis.
（Who, what, when, where, why, in what way, by what means）

西塞羅更動爲：

Quis（who）　　　　　　　　　　　　　quid（what）

11 attributes of a person　　　　　　　　four categories

performance of the act, connected with the act,
adjunct to the act, consequent upon the act

locus, tempus, occasio, modus, facultas

圖6-5　西塞羅的狀況論圖

資料來源：筆者根據Copeland, Rita (1991) pp. 68-69討論，自行整理而成。

　　上面Locus就是place，tempus就是time，occasio就是occasion，modus就是manner，facultas就是facilities。西塞羅將Hermagoras of Temnos七個要素嵌入在一個較大的格局，原來Hermagoras of Temnos的定義式架構變爲一個程序性架構。

　　以下爲研究者聽取檢察官陳述被告犯罪事實，腦海中以西塞羅

的狀況論所整理記得的資訊，書面起訴書包含檢察官所陳述也附上：

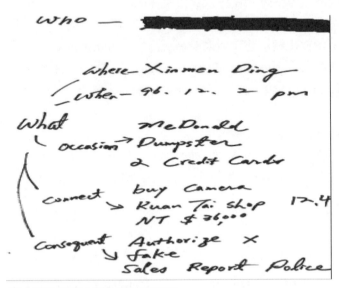

圖6-6　筆者根據狀況論腦海整理的資訊

資料來源：筆者自行繪製。

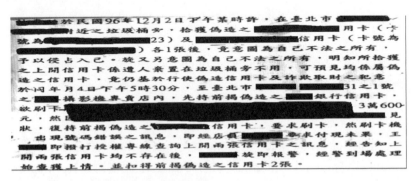

圖6-7　書面起訴書含檢察官陳述的事實

　　法庭的程序進行緊湊，口譯前有時不會收到任何起訴書，若能將西塞羅的狀況論應用在起訴內容的整理，十分有助於口譯員對資訊的記憶。

　　再就發表技能方面，西塞羅《論演說雄辯術》（De Oratore）把「修辭詭辯術」和「演說雄辯術」分開，他最重要的論證便是：人為了公共問題與利益，必須對人民直接說話，但說話者首先必須知道自己在說些什麼。他還研究演說者該不該說笑的問題，這點同樣可應用在法庭口譯上，若是講者說了好笑的事情，口譯員亦該憑直覺考慮該不該模仿，模仿可能會淪於小丑的滑稽。[6]

肆、現有法庭口譯課程的省思

　　Mikkelson（2000）曾提出一位合格的法庭口譯員應具有專業要求及道德規約兩方面的標準，道德規約方面包括：「忠誠性」、「保密性」、「公正性」及「個人規範」。歐盟的法庭口譯訓練課程對口譯員的態度方面（Townsley, 2011: 3），明白列有「忍耐」（perseverance）、「同情心」（empathy）與「決斷力」（decisiveness）的特質。卡尼那（Kalina, 2002）討論一般會議口譯員的能力組成也強調行為的端正（discipline, conduct），這些特質或可呼應2000年前西塞羅所謂完美的演說者應具有高尚品格與操守的理想，應該儘可能反映在法庭口譯的教育訓練上。筆者檢視幾年前高等法院與目前的訓練課程（對照附錄6-1與6-2），上述措詞、記憶與發表技能的訓練比例有顯著增加的現象，回想高等法院一開始舉辦的課程（95、97、99年各一次），課程設計多屬場地觀摩，未就措詞、記憶與發表技能作模擬，當然更缺乏就法庭上不

6　原文：“…Control and restraint of actual raillery and economy in witty remarks will distinguish an orator from a buffoon. We speak with good reason, not just to be thought funny, but to gain some benefit. The right occasion for speaking out depends on your wisdom and discretion.” (Cicero, De Oratore, Benson & Prosser, 1988: 251-255).

同說話者可能產生的風格變化做一些演練，這幾年有明顯改進，如附錄6-2所示，今年（106年）便有「傳譯之專業技能」課程（包含通譯常用技巧，如何聆聽及做筆記），課中就上面所述三大技能作實際演練，另有一門「通譯倫理課程」課雖不直接反應西塞羅對演說者的德行要求，但講師在講授高等法院頒布的通譯倫理規範的同時，其中有關口譯者需「謹言慎行」，也間接呼應了西塞羅與昆體良對法庭言說者的理想。

伍、結論

希臘亞里斯多德認爲演說術可以傳播眞理並維護正義，法庭口譯爲法官、檢察官服務，也是在爲司法正義服務，西塞羅、昆體良等認爲演說家需靠天資、技術及練習，法庭口譯人員何嘗不是。這些修辭學家又強調演說者需具備高尙的品德，言談宛如城邦中的道德領袖，漢朝劉向也說：「夫辭者乃所以尊君、重身、安國、全性者也。故辭不可不修而說不可不善。」又儒家：「言有物，言而當」、「情欲信，辭欲巧」、「質勝文則野，文勝質則史。文質彬彬然後君子。」除了以上幾點，西塞羅更強調絕對的熱誠與投入：「我保證法庭每場演說我都全心投入，努力地喚起聽眾的憤慨與惻隱之心，同時自己內心深處也因聽眾反應而引發強烈的共鳴。」[7]

法庭口譯爲公部門服務，翻譯結果會影響法官印象與援用法律，常常耗時、耗體力，熱誠與投入的條件應是無庸置疑的。

7　其原文爲：I give you my word that I never tried, by means of a speech, to arouse either indignation or compassion, either ill-will or hatred, in the minds f a tribunal, without being really stirred myself, as I worked upon their minds, by the very feelings to which I was seeking to prompt them.

附錄6-1 民國95-99年臺灣高等法院特約通譯教育訓練課程表

臺灣高等法院辦理特約通譯教育訓練一覽表

	95年	97年	99年
受訓人數	108人	68人	48人
訓練日期	9月13-15日	8月4日	年7月26日
訓練地點	該院刑事庭3樓大禮堂	該院刑事庭3樓大禮堂	該院刑事庭3樓大禮堂
訓練課程	1.法院業務簡介2小時 2.法院常識6小時 3.各類審理程序或相關程序概要12小時 4.傳譯之倫理責任2小時 主要由法官主講	1.法院業務簡介1小時 2.法院常識1小時 3.刑事通譯實務1小時 4.民事通譯實務1小時 5.刑事通譯法庭實際模擬演練1小時 6.民事通譯法庭實際模擬演練1小時	1.法院業務簡介1小時 2.法院常識1小時 3.刑事通譯實務1小時 4.民事通譯實務1小時 5.刑事通譯法庭實際模擬演練1小時 6.民事通譯法庭實際模擬演練1小時
備註	與臺北高等行政法院合併辦理	主要由各科科長主講	主要由各科科長主講

資料來源：《司法通譯案調查報告》，頁120。

附錄6-2 民國106年高等法院檢察署通譯訓練課程表

臺灣高等法院檢察署106年度特約通譯講習課程表

◆講習日期：106年10月2、3日（星期一、二）

◆講習地點：法務部5樓大禮堂（地址：臺北市重慶南路1段130號）

日期	起訖時間	程序	使用時間	講座	備考
106年10月2日（星期一）	08：30－09：00	報到	30分鐘		
	09：00－09：20	王檢察長致詞	20分鐘	王添盛檢察長	
	09：20－10：10	法律常識	50分鐘	陳昱旗檢察官	
	10：20－11：10	法律常識	50分鐘	陳昱旗檢察官	
	11：20－12：10	法律常識	50分鐘	陳昱旗檢察官	
	12：10－13：30	午餐及休息			提供便當
	13：30－14：20	檢察業務簡介	50分鐘	蔡顯鑫檢察官	
	14：30－15：20	檢察業務簡介	50分鐘	蔡顯鑫檢察官	
	15：30－16：20	傳譯之專業技能	50分鐘	陳雅齡教授	
	16：30－17：20	傳譯之專業技能	50分鐘	陳雅齡教授	

日期	起訖時間	程序	使用時間	講座	備考
106年10月3日（星期二）	09：00｜09：50	偵查程序概要	50分鐘	何祖舜檢察官	
	10：00｜10：50	偵查程序概要	50分鐘	何祖舜檢察官	
	11：00｜11：50	偵查程序概要	50分鐘	何祖舜檢察官	
	11：50｜13：30	午餐及休息			提供便當
	13：30｜14：20	傳譯之倫理責任	50分鐘	陳子瑋教授	
	14：30｜15：20	傳譯之倫理責任	50分鐘	陳子瑋教授	
	15：30｜17：00	口試	50分鐘	陳傳宗檢察官兼書記官長何祖舜檢察官	須參加口試者計64人
	17：00	講習結束			

【交通資訊及其他注意事項。請參見第2頁說明】

資料來源：筆者實際收到之課程表。

第七章　法官判決文本分析與試譯

壹、前言

　　近日台灣民眾包括學生們，對於學校國文課本中文言文與白話文的比例有很大的意見，學生們普遍認為教育部選定教材應該降低文言文比例，另有一派則認為學習文言文可以欣賞到漢語寫作不同於白話文的風格，譬如莊嚴、肅穆或典雅，甚有人提出欲讀文言文可以去看看台灣法官的判決書。的確，台灣法院的判決書傾向用古典句式及用語，目的是在展現莊嚴肅穆的口吻，能讓人民及政府感受到「法律在說話」，人民必須認真對待，對於提升司法威信，確實有其必要[1]。除了法官語言，整體觀之，法律語言便是一個獨占的語言，當事人上法庭或讀判決書，因為不瞭解法律程序或看不懂書面內容，多少會求助於律師或懂法律的人。法律從業人士因此發明了一種外人不容易搞懂的程序和語言，化簡單為繁瑣，一般人最後找專人（法律人）把兔子從禮盒裡抓出來那一刻便顯得格外神奇，法律專業自古到今，就是在玩獨占這個把戲。不過，進入全球化時代，各個學科講究跨文化，法律服務也變得跨文化，台灣近年來外籍涉案者愈多，當事人委託律師或其他人翻譯訴訟相關文件的需求愈來愈明顯，英語作為國際共通的語言，筆者身兼法庭口譯工作者，常見到法庭上當事人手執檢察官起訴書或一審判決書這類文件的英譯本，本章節嘗試探討法官判決文的翻譯問題。

　　判決書屬於司法文本，一般包括下列部分：主文、事實及理

1　2017/10/7 https://sosreader.com/the-decisions-1/

由。判決主文就是判決的結論，不論長或短，當事人最關心的便是勝訴或敗訴的問題。民事判決一般就是賠償多寡、是否可以離婚、未成年子女監護權歸哪方、房子能否要回等；刑事判決就是是否有罪、坐牢多久的問題。判決理由部分，法官會陳述各方理由，並夾雜法官個人的推理，常常包含拗口的詞彙，有時較囉嗦，這部分是最常被當事人要求翻譯的部分。

貳、法官語言的特點

整體而言，法律語言包括立法語言、司法語言及執法語言。微觀功能不一，其中法官的書面語言（主要是裁判書）涵蓋一個特點，就是「莊嚴性」，篇幅長並夾雜著法官特殊用語，以下試舉出兩例：

最高法院民事判決　　　　　　　　103年度台上字第1032號

理由摘錄：

所謂代理，係代理人於代理權限內，以本人之名義，為意思表示或受意思表示。代理人未以本人名義或明示以本人名義為法律行為，實際上有代理本人之意思，且為相對人所明知或可得而知者，雖仍對本人發生代理之效力，<u>惟究</u>以代理人有代理之意思，即有使代理行為之效力歸屬本人，而為相對人所明知或可得而知，<u>始足當之</u>。

最高法院刑事判決　　　　　　　　102年度台上字第193號

理由摘錄：

而依卷內證據，本件宴會已符合「公開之儀式」要件，說明是否書立結婚證書、有無辦理結婚登記，及婚宴當場有無主婚人、貴

賓致詞、雙方家人之參與，暨新人有否交換戒指、新娘是否穿著白紗等，與結婚是否具備「公開之儀式」，均不生影響，辯護人執本件宴會均未具備前揭事項，主張該宴會不符合「公開之儀式」要件，○○○與○○○之婚姻尚未有效成立云云，**洵非可採**。所為論斷，於法**並無不合**，亦無黃○上訴意旨（二）、（三）此部分所指理由矛盾及理由不備之違誤。至於上訴人等其餘上訴意旨所執各詞，係就與犯罪構成要件無涉之枝節漫為單純之事實爭辯。

第一例：「惟究以代理人有代理之意思，即有使代理行為之效力歸屬本人，而為相對人所明知或可得而知，始足當之」，句意相當濃縮，乍看不是很懂。其實「惟究」就是「雖然」，「始足當之」就是「才可成立」。第二例：「……主張該宴會不符合公開之儀式要件，○○○與○○○之婚姻尚未有效成立云云，洵非可採。所為論斷，於法並無不合……」也讓人一頭霧水。其實「洵非可採」就是「不可採信」，「並無不合」便是「符合」之意。

再看以下判決文：

「被告二人……行為，係不法侵害本於配偶關係之身分法益，致原告受有非財產上之損害，二者間有因果關係，且上為兩造所不爭執，足見被告二人行為，侵害原告夫妻婚姻生活之圓滿安全及幸福，屬情節重大，依上開規定，原告請求被告連帶賠償非財產上之損害，即屬有據」。[2]

此文中「係」意謂「是」，「足見」是指「相當顯示出」，「即屬有據」就是指「非常有根據」。由於判決理由常常含有法官特殊用語、長句子與雙重否定句，有時缺乏語言邏輯，翻譯時首先注意判決書的文本特殊性，否則可能會誤會法官的意思。歸納法官

2　台北士林地方法院99訴1017。

以中文寫成的書面語特點如下：

（一）大量使用雙重否定，例如：「並無不合」；「還是可以」寫
　　　成「尚非不得」；「只有當A，才可以B」寫成「非謂A，
　　　不得B」；「誹謗罪還算合憲」寫成「尚不能認為不實施誹
　　　謗除罪化，即屬違憲」。

（二）「之意旨」為助詞，無義。例：誹謗罪為防止妨礙他人之自
　　　由權利所必要，符合憲法第23條規定之意旨。

（三）在一些看起來很好懂的名詞後面括號附上德文，而且在
　　　莫名其妙的地方用大寫。例：侵害最輕微之手段（däas
　　　geLinDeste MittEl）[3]。

（四）文言文的字眼經常出現，如「尚」、「足」、「惟」、
　　　「係」、「伊」、「洵非可採」等。

　　另外，法律翻譯的單位不應注重字詞或句子或段落，而應注重
言語行為（speech acts），法律效力的成功轉移端看譯文相關法律
言語行為的實施與否（Šarčević, 1997；杜金榜，2004）。

參、法律言語行為的意涵

一、Austin言語行為理論要點

　　Austin（1962）認為「說話就是做事」、「說話者只要說出
了有意義，可以為聽話人瞭解的話語，就可以說它是實施了某種
行為，這個行為便叫做言語行為」。Austin將言語行為區分為表述
句（constative utterance）與施為句（performative utterance）。表
述句有真假之分，施為句有適切之分；前者單純描述事物，後者

3　2017/10/12 http://tw.18dao.net/%E6%BC%A2%E8%AA%9E%E8%A9%9E%E5%85
　　%B8/%E5%B0%9A

則具有行事能力。Austin主張有效的施為語句從三方面來衡量，一是對話常規、二是確實性、三是意圖性。以此應用在法庭情境，譬如在法庭中被告與法官對話必須有一定的常規、一定的禮貌原則，又法官要確實地講出指示，被告確實收到訊息，沒有聲音干擾等，除了確實講出，也要將意圖表示清楚。Austin後來認為這種分法不科學，他創造性地區別了三種不同的言語行為，即：言內行為（locutionary act）、言外行為（illocutionary act）和言後行為（perlocutionary act）。其中，言內行為便是指話語的表達方面；言外行為是指說話人在說話的同時便在實施某種行為，若是法律言語行為便具有法律效力，和普通祈使句有所不同；言後行為是指說話的結果或影響。Austin將施為動詞劃分五類（裁決類、施權類、承諾類、闡述類、表態類），前三類囊括大量的言語行為。後來Searle在Austin的言語行為理論基礎上將言語行為重新分類成：斷言類（Assertives）、指令類（directives）、承諾類（commisives）、表情類（commissives）和宣告類（declarations）（姜琳琳、袁莉莉，2008，頁1）。將上列觀點應用在法律言語行為，每一個法律言語行為中，動詞是體現行為的核心所在，所以學習法律翻譯可先著眼在這些動詞，但同時要環顧整句的意義。綜合Austin與Searle的觀點，語言交流的最小單位不是符號、語詞或語句，而是被完成了的某種言語行為，他們主張：「我們之所以研究言語行為，只是因為一切語言交流都包含有言語行為」。由於法律文件通常包括大量的言外及言後行為，瞭解言語行為對於從事法律翻譯是非常重要的。

二、法庭對話的言語行為

上面所述，法律言語行為中動詞是體現行為的核心所在。舉例來說，法庭陳述或宣告裡常看到以下的施為動詞swear、promise、agree、pronounce、declare、certify、plead、admit等。很多時候施為句會帶有顯性的標誌語（illocutionary force indicating device），

如shall、may、can、should、ought to，建議譯爲：必須、得、可以、應當、不得不等。譬如公訴人與被告之間的對話，法官進行審判的語言等，法庭口譯者要在較短的時間內對法律言語行爲做出識別，並且要在短時間內對其法律意旨和可能產生的法律效力做出判斷，才能做到儘量準確的翻譯，以下舉例：

審　判　長：今天依法對被告銀行搶奪案所提起的公訴開庭，請檢察官陳述要旨，被告請坐到前面，接受問訊。

第一種譯文：Today we hold a public trial of the case of bank robbery against OOO. Could the prosecutor state the charge and the accused move to the front seat for questioning?

　　例中有兩個可識別的法律言語行爲，即「開庭」、「提起公訴」、「陳述要旨」及「接受問訊」，譯文中相應地譯爲「hold」、「Could the prosecutor state…」、及「the accused move…?」由審判長發出的「今天……開庭」話語，說完便具有了法律效力，隨著審判長說完這句話，審判這一行爲必定要得以實施，這就是由法律意旨產生的法律效力。譯文中相應地譯爲「hold a public trial…」，二者達到的法律效力是相同的，因此，譯文成功地傳達了原文的資訊。接下來，「請檢察官陳述要旨，被告請坐到中間，接受問訊」這句是祈使句，其法律效力是請檢察官陳述起訴要旨，並請法警將被告帶到中間問訊。其法律言語行爲的意旨是告知當庭人員將要進行的動作，是對聽者發出一種命令，隨之產生的法律效力就是檢察官的動作及法警按照審判人員的要求執行指定的行爲，因爲審判人員在法庭中的權威性使其話語對法庭人員及當事人有著法律約束力，此處審判長口語的譯文卻譯爲疑問句：「Could…take…?」此句中「Could」作爲法律言語行爲的規約性標誌，傳達的是一種疑問性的緩和語氣，無法表達命令這一行爲，因此無法產生相同的法律效力，建議改成：

第二種譯文：Let the prosecutor state the prosecution and (let) the accused be moved to the front seat.

上面第二種譯文用祈使句表示命令，符合原文法律言語行為的意旨。

以下辯護人口語中有兩個可識別的法律言語行為：「起訴」與「堅稱」，對應地翻譯成「charge」及「insist」，這些是符合法律效力的翻譯：

辯護人：檢察官起訴被害人沒有直接證據。我們握有不在場證明，被告堅稱是清白的。

譯　文：The prosecutor charged the accused without direct evidence. We have an alibi. The accused insists on his innocence.

另外一例，法庭上常常問被告「認不認罪」翻成英文，正確翻譯為「Do you plead guilty or not guilty」，「plead」一字便是一種施為動詞，翻成其他動詞便是未考慮法律文本的言語形為，因而不能產生等值的法律效果。

三、法律規定的言語行為

以上為法庭對話，下面以一般法規為例，分析其中的施為動詞及該有的翻譯：

原文

每學年評鑑通過者（含覆評或再覆評），自次一學期起享有以下權利：（一）申請兼職、兼課、借調；（二）申請出國講學、研究、進修；（三）擔任校內各級教師評審委員會委員及學術或行政主管。

譯文

Teachers who pass in evaluation each school year (including re-assessment or second reassessment) <u>are entitled to</u> the following privileges next semester after evaluation: (1) apply for part-time job, part-time teaching, or temporarily transferring; (2) apply for giving lectures, research or advanced study abroad; and (3) serve as members of teacher review committees or as academic/ administrative executives.

　　以上主控性言語行為之核心動詞是「享有」，成功地翻譯成「are entitled to」，若照字面翻成「enjoy」似乎有言內的對等，但缺乏言外及言後的對等，換言之，便是沒有法律的效力。以下再看一例：

原文

　　當事人應依各自按投資的比例來分配利潤並分擔損失。<u>各方所負擔的公司債務責任應</u>不超過各方占公司註冊資本額的投資數目。

譯文

The parties shall distribute profits and share losses in proportion to their respective percentage of investment. The Parties <u>shall be liable</u> only for the indebtedness of the Company up to the amount of their investment in the registered capital of the company.

　　在表示對簽約兩方的規範時，使用shall情態助動詞所傳達的法律意義是一種強制的言語行為，而非法律主體將來可能做或不做的行為，中文翻譯的「應」具有這樣的法律意義，中文達到與英文的「shall」相同的法律效力；「所負擔」不宜翻為「be responsible」，言內似乎對等，但言外及言後行為皆不對等，換言之，便是沒有法律的效力，宜翻為「shall be liable…」。

肆、判決文本分析與試譯

一、判決文本分析

台灣判決書可從清朝大理院（相當現在最高法院）判決追溯之，當時已經運用相當現代的法律術語表達。舉例說，大理院4年上字第518號的判決為：「被害人因傷身死，無論由於拳傷，或由於磕傷，被害人皆應同負罪責，蓋被害人於負傷倒地後，致被磕傷，乃由於一種自然力之關係，決非傷害人故意自傷，可知係因磕傷所生之結果，對於以前之傷害原因，在法律上仍有相當之因果關係，以自然力之介入不得為因果中斷之原因」。

再看民國28年上字第2095號判決文，法官用語顯得文言，如「跑出……呼兄」及「越日身死」等：「被告歸家，見某甲與其妻在房內姦宿，當將某甲留住，跑出門外呼兄共同以繩綑其兩手，毆打成傷，越日身死，其毆打要屬當場激於義憤之繼續行為，雖結果致死，仍應依刑法第二十八條、第二百七十九條但書與第三百零二條第一項之法定刑比較，從一重處斷」。

再看民國104年度刑智上易字第102號智財權判決書：「……查『The Cat』著作僅係一般貓咪之外觀剪影（見102年度他字第3815號偵查卷第16頁），核與一般自然界之貓咪外觀形態大同小異，其表達方式亦無特殊之處，難認業以美術技巧表達出作者之感情與思想，是『The Cat』著作即非著作權法所保護之美術著作，故檢察官認被告李昇達、謝美鳳及廖尹祺就此部分，涉有違反著作權法之犯行，容有未洽。準此，自難遽認被告李○○、謝○○及廖○○此部分有侵害告訴人著作財產權之犯行……」。

從清朝大理院的判決觀之，當時已經運用相當現代的法律術語表達，民國28年左右與最近的判決，內文皆含有法官的特殊用語。三篇皆具有一定的莊嚴性，翻譯時首先注意這種風格的展現。依陳秉訓（2013，頁142）：「法院判決的內容或格式基本上有訴訟法

來規範，例如民事訴訟法第226條規定，判決，應作判決書，記載下列各款事項：當事人姓名及住所或居所；有法定代理人、訴訟代理人者，其姓名、住所或居所。訴訟事件；判決經言詞辯論者，其言詞辯論終結日期。主文。事實。理由。年、月、日。法院。事實項下，應記載言詞辯論時當事人之聲明，並表明其聲明爲正當之攻擊或防禦方法要領。理由項下，應記載關於攻擊或防禦方法之意見及法律上之意見」。主文會記錄原告的請求是否爲法院所同意，或其同意的程度爲何。判決理由紀錄法官判決的理由，應當事人或律師要求，這部分內容的翻譯較屬常見，以下蒐集的兩份判決書與英譯便是判決理由的部分。

二、試譯

以下對兩份判決書的翻譯先從法官語言之文本分析著手，然後聚焦於施爲動詞的翻譯。筆者以一則2015年判決書作示範，爲求保密性，案號已略去，翻譯時建議先瞭解整體的大意，抓住法官慣有的風格，然後仔細找出具法律效力之言語行爲，逐步推敲最適合字或詞，其他語句則依照一般翻譯的「信」、「達」、「雅」原則循序譯出。

第一篇原文[4]

論罪部分：一、核被告所爲，係犯刑法第221條第1項之強制性交罪。被告所爲強制猥褻行爲爲高度之強制性交行爲所吸收，不另論罪。二、原審基於卷內證據，認被告犯強制性交罪，事證明確，適用刑法第221條第1項規定，並審酌被告與甲係朋友關係，甲因信賴被告之友誼而允諾外出共遊，縱被告對甲有浪漫情愫，亦應依循社交禮儀追求，且依證人所證述之該二人互動情形，甲之表現顯然與被告間僅屬單純友誼關係，並無使被告有誤會之可能，詎

4　台灣高等法院101侵上訴112。

被告竟利用與被害人單獨相處之機會逞一己之私慾，以上揭方式強制性交得逞，造成甲身心斲傷甚鉅，犯後猶飾詞狡辯，態度顯然不佳，未見悔意，暨犯罪之手段，迄今猶未與甲達成和解等一切情狀，量處被告有期徒刑4年；並以被告係外籍人士，諭知被告於刑之執行完畢後，驅逐出境。經核原審之認事用法，均無違誤，量刑亦屬妥適。被告上訴否認犯罪，指摘原審判決不當，核無理由，應予駁回。

第一篇譯文

Sentencing: 1. The defendant is proven guilty by committing the crime of forced sexual intercourse as set forth in Article 221, paragraph 1, of the Criminal Code. He has also been accused of committing forced obscene act, but this act conducted by the accused is absorbed by his more forceful act of forced sexual intercourse, which shall not be convicted additionally.

2. The evidence presented in the first-instance trials has clearly demonstrated that the accused has committed forced sexual intercourse as set forth in Article 221, paragraph 1, of the Criminal Code. The accused and party A were originally friends. Based on this friendship, Party A agreed to go out with the accused. Even though the accused was romantically attracted to Party A, he failed to pursue the relationship according to the dictates of social etiquette. Besides, according to the testimony of the witness, the relation between the two was simply that of friends; it is therefore clear that there was no misunderstanding in this regards on the part of the accused before they went out. Unfortunately, the accused took advantage of the situation by arranging to be alone with Party A and then satisfied his sexual desire by committing the crime. In consequence, Party A has experienced enormous trauma, both physically and mentally. The accused has

expressed no remorse in court. In light of his method of committing the crime and his failing to reach any reconciliation with party A, the judge sentences the defendant to 4 years in prison. As the accused is a foreigner, the judge pronounces that once his prison term is completed, he shall be deported. The sentence is deemed appropriate; the defendant denied his crime and even challenged the initial sentence, which was groundless, and the appeal is therefore rejected.

　　以上原文畫底線處為法律施為動詞，「驅逐出境」作「deported」；「駁回」不翻成「returned」，宜翻為具法律效力的「rejected」或「dismissed」，「諭知」不翻為「inform」，宜翻為具法律效力的「pronounce」。衡量最適切的翻譯便是考量言內行為、言外行為及言後行為三個層次的對等。以下為第二篇判決文與翻譯：

第二篇原文[5]

撤銷原判決理由：

　　原審以檢察官所提出之證據方法，無從證明告訴人為系爭歌曲之著作權人，且查無其他積極證據可資證明被告有何本案被訴侵害著作權犯行，因而為被告無罪之諭知，固非無見。惟本案檢察官所提出之證據方法，無從證明告訴人為系爭歌曲之著作權人，且綜合全案卷證資料，亦無法證明告訴人確為系爭歌曲之著作權人，即不能證明其為本案犯罪之直接被害人，揆諸前揭規定及判決意旨，告訴人既非本案犯罪之直接被害人，應無告訴權，告訴人自不得提起本件告訴，其告訴並不合法。原審未查，即遽為實體判決，適用法則尚有未洽，檢察官上訴仍執前詞指摘原判決不當，請求撤銷改判，雖無理由，惟原判決既有上開可議之處，即屬難以維持，自應由本院將原判決予以撤銷，另為公訴不受理之判決。

5　智慧財產法院104刑智上易101。

第二篇譯文

Reasons for rescinding original judgment:

The initial ruling stated that the evidence presented by the prosecutor failed to prove that the plaintiff is the copyright owner of the songs in dispute, and that the prosecutor failed to provide any positive evidence indicating any violations of the Copyright Law by the defendant. The defendant was thus declared not guilty in the initial trial due to a lack of evidence. According to the ruling, neither the evidence presented by the prosecutor himself nor the other evidence relating to this case conclusively proves that the plaintiff is the copyright owner of the disputed songs; i.e., there is no proof that the plaintiff has been directly harmed as the result of criminal wrongdoing. Based on the above-mentioned regulation and initial findings, the plaintiff was deemed to have had no legal right to file the case in the first place. The judge in the initial trial made the ruling in haste before considering procedural legitimacy; the applicable law needs further discussion. The prosecutor appeals and indicates the initial ruling inappropriate, despite not groundless. Seeing the above negotiable points, the ruling should not be maintained but be revoked and pursued no further by the prosecutor.

以上原文畫底線處為法律專有名詞如「撤銷」、「積極證據」，較文言的字句如「系爭」（爭執中的）、「揆諸」（從整體來看），還有雙重否定之「固非無見」（有其理由）、「容有未洽」（不夠、洽當）；「積極證據」照英美法概念應該翻譯為「positive evidence」；「撤銷」則有以下考量withdraw（撤回、撤銷）、revoke（廢止、撤銷）及rescind（廢止、撤銷），withdraw必為發動者所撤回或撤銷，revoke譬如「revoke the licence」（吊

銷執照），較屬於行政處罰類的撤銷，此處，「撤銷判決」建議譯為rescind a judgment（取消判決）；另外，「無罪」宜翻為「not guilty」，「無告訴權」不能照字面翻，宜翻為「have no legal right to…」，此處我們對於法律專有名詞，就是在衡量言內行為、言外行為及言後行為三個層次的對等，以達到最適切的翻譯。

伍、結論

以上討論了法官語言特點及言語行為理論，並以此觀點分析法官判決文並嘗試翻譯，筆者先進行文本文析，然後針對文中較拗口的文言字句及法律言語行為作解讀，並推敲最適合字眼，其他語句則依照一般翻譯之「信」、「達」、「雅」原則循序譯出。在文中標示出法律言語行為的識別及其翻譯，無論是在語言學還是在法律上都有重要的意義。評價法律言語行為的等值翻譯是希望做好法律翻譯的工作，提高法律翻譯品質。法律翻譯者可先從熟悉法官語言特性及法律言語行為著手，逐步培養翻譯技巧，法律翻譯教學者可從這方面來引導學生，使得法律翻譯學科自理論部分生根茁壯。

第八章 法庭法律契約的視譯

壹、前言

全球化的結果，國與國間不同語言的人民往來增多，社區內譬如法庭或醫院，有更多涉及外國人民的口譯活動。在法庭上，除了一般對話口譯，法庭口譯員還會面對法律文件的視譯，這類文件包括起訴書、判決書、專家檢查報告及契約書。起訴書與判決書屬於檢察官與法官的語言產物，筆者書中其他部分都有討論到；檢查報告主要由專家如醫生撰寫，作為法官所參考的證據；契約書為雙方當事人在場所達成的協議，具有一定的法律效力；最後一樣是法律文件，也是本文的重點。

由於契約大多具有法律效力，法庭訴訟不乏有簽約兩造對契約內容產生爭議的狀況。筆者利用法學資料檢索系統，先選擇民事案件，然後只勾選台北地方法院，再輸入關鍵詞「契約」，便有至少23件相關案件（如附錄8-1），可想見台灣其他法院應該也不少。筆者身兼高等法院口譯員，親自經歷不少契約書的爭執，筆者因此思考整理法庭契約書之翻譯原則。

先談談一般文本的翻譯標準，中國嚴復提出「信」、「達」、「雅」，「信」即忠實於原文，「達」是像原文一樣通順，「雅」就是風格典雅。大約在同時期，英國學者泰特勒（Alexander Fraser Tytler,1747-1814）在其《論翻譯的原則》（Essay on the Principles of Translation）一書中，也提出相似的主張：一、譯文應完全複寫出原作的思想（A translation should give a complete transcript of the ideas of the original work.）；二、譯文的風格和筆調應與原文的性質相同（The style and manner of writing should be of the same character as that of the original.）；三、譯文應和原文同樣流暢（A translation should have all the ease of the original composition.），足見東西方英雄所見略同，長久以來中文語言世界的翻譯亦以此作爲圭臬。但由於法庭場域的特殊性，聽者背景不一，時間有限制，實際上是否會反映這些原則？以下筆者先簡介研究動機，第貳節討論法庭視譯的特性及契約書翻譯原則，第參節提出研究問題與設計，包括起訴書所記載之實地觀察以及搜尋法學資料檢索系統相關裁判書有關契約爭執的翻譯文，第肆節爲結果與討論。筆者企圖重新檢視嚴復之「信」、「達」、「雅」，作爲法庭翻譯契約書的最高指導原則。

貳、文獻探討

一、法律契約的翻譯原則

我國契約書的製作起源甚早，根據新港文書的記載，漢人與原住民間訂有契約，當時契約主要稱作「合約」（見圖8-1），係指關於各種權力協定，由雙方或多方作成各持一份的字據協議，內容包括議定界址、財產分配、分管水權、建置蔗廍等（胡家瑜，1999，頁131）。有關現代人彼此間訂定的契約，我國民法債編規定，有名契約類型包括：買賣、互易、交互計算、贈與、租賃、借貸、僱傭、承攬、出版、委任、運送、承攬運送等。契約的構成要素常包括：簽約背景、當事人權利義務、契約生效及期間、準據法、保密義務與終止條款等。

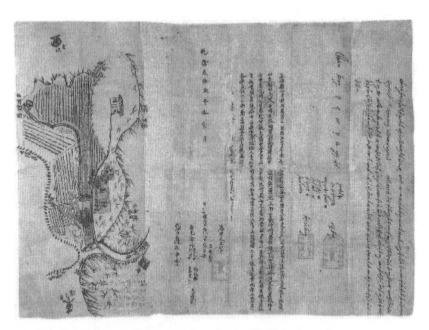

圖8-1　新港文書記載希拉雅族與漢人間的契約活動[1]

　　在翻譯這些契約（譬如英文契約）之時，爲避免日後產生異議和糾紛，需儘量注意用詞規範，幾乎每個契約都少不了hereby、thereof、whereas等古英語詞彙。爲了表明條款內容對各方一視同仁，契約通篇使用間接指稱的代詞，例如：

　　This agreement is made by and between ＿＿＿＿＿＿ Company (hereinafter "Party A") and ＿＿＿＿＿＿ (hereinafter "Party B"). Party A hereby grants Party B the license to translate the work. Both parties agree to stipulate and abide by the following terms and conditions. 立契約人＿＿＿＿＿＿公司（以下簡稱甲方）＿＿＿＿ ＿＿＿（以下簡稱乙方）茲就甲方授權乙方翻譯著作，雙方同意訂立下列條款並共同遵守履行之。

1　引自李筱峰，2013，頁63（原稿由黃天橫保存）。

上例中的Part A、Part B都是間接指稱，指契約當事的一方。這類間接指稱還有the Seller（賣方）、the Buyer（買方）、the Recipient（收受方）、the Supplier（供給方）、the Transferor（轉讓方）、the Transferee（受讓方）等。再者，契約不論是中文或英文，通常句式結構邏輯嚴謹，使用正式詞彙，爲使意思清晰準確，句子通常偏長且結構複雜，英文契約每個完整句子中間常有插入語或插入句，例如：

（一）Party A shall guarantee that it truly owns the right of license for translation to this work, or ensure that the work is a solely independent creation of Party A, without any plagiarism from others' works. Should Party B infringe upon the rights and interests of a third party for using this work, Party A shall be liable for all damages and expenses. （甲方應保證其對本著作確有授權翻譯之權利，或本著作完全爲其獨立創作完成之著作，絕無抄襲他人創作情事，乙方如有因使用本著作而構成損害第三者之權益時，甲方應負一切損失賠償與費用支出之責任）。

（二）The company may terminate the contract without advanced notice only when the laborer is involved in any of the following circumstances: making a fictitious expression of intent upon the establishment of this contract, causing the employer to mistake the expression of intent as valid and therefrom assume the risk of injury; perpetrating acts of violence or gross insults to the employer, the employer's family, the employer's agent, or other fellow laborers; willfully damaging machinery, tools, raw materials, products, or other property owned by the employer, or willfully disclosing technical or business secrets of the employer, thereby causing damage to the employer; being absent from work without good cause for 3 consecutive days or a total of 6 days in a month; being in serious breach of the labor contract or in serious violation of work rules.（被告公司僅得於勞工於下列任一情況時不經預告終止契約：於訂立契約時虛偽意思表示，使雇主誤信而有受損害之虞者。對於雇主、雇主家屬、雇主代理人或其他共同工作之勞工，實施暴行或有重大侮辱之行為者。故意損耗機器為、工具、原料、產品，或其他雇主所有物品，或故意洩漏雇主技術上、營業上之秘密，致雇主受有損害者。無須正當理由繼續曠工三日或一個月曠工達六日者）。

　　以上第一個例子，看得出來為避免日後產生異議和糾紛，使用了法律效果較強的情態助動詞shall及正式詞彙如infringe、be liable等字詞。第二個例子英文部分其實只有一個句點，中間有至少並列了五個動名詞構成的片語，作以說明雇主可以解除員工的各種狀況，句式非常嚴謹。契約一般包括綱目、條款和細則，表達時邏輯和語言都必須條理分明。

　　在翻譯這類法律文件時，若從嚴復所提出的「信」、「達」、「雅」來看，對「信」的要求特別高，一些法律專有名詞的翻譯要注意，如「終止」，不可隨意翻成stop，較適合為terminate、「不可抗力」不可翻為「irresistible」，較適合為「force majeure」或「act of God」等；「達」的方面，主要是讓讀者感到通順，即Šarcevic（1997）所謂的「receiver oriented」，以目標語讀者為考量。視譯時亦要注意地域不同表達會有不一致的情形，以下舉例（表8-1）：

表8-1 法律術語因地域不同表達會有不一致

Original in English	China's translation	Hong Kong's Translation	Taiwan's Translation
Ad hoc arbitration	臨時仲裁	隨意仲裁	臨時仲裁
Cross examination	交叉詰問	盤問	交叉詰問
Corporation	法人	法團	法人
Governing law	準據法	適用法律	準據法
Inquisitorial system	詰問制	詢問制	詰問制
Offer	要約	提議	要約

資料來源：筆者自行整理。

　　有關「達」的方面，德國翻譯功能學派強調考慮讀者背景，通過內容上的對等翻譯達到讀者反應上的對等。而後弗美爾（Hans Vermeer）和曼塔瑞（Justa Holz Manttari）發展出翻譯目的論，主張這套理論適用於各類型的文本翻譯，但此目的論其實不太為法律界所認同，律師們認為目的論過分考量譯入語讀者的需要，法律翻譯過程講究的是原文的意思，況且譯入語國家的法律規範會限制譯文的表現，譬如翻譯契約，譯者必須去查考有關契約簽定的法律規範，翻譯時必須先對這些仔細參酌。不過也有一些法律翻譯學者主張，不應對目的論只作表面的解讀，若能適當延伸，發現目的論也能適用法律翻譯，譬如法律譯者常常得針對不同讀者作出不同的翻譯，跨國的商業仲裁條款譯文具有法律效力，而國內的很多法規譯文可能只須做資訊的傳遞等等，這些皆因翻譯目的不同採取不同的翻譯策略。

　　法律翻譯中，「雅」的問題雖不如「信」、「達」重要，但譯者必須瞭解到，法律英語包括中世紀古英語單詞如：hereafter、hereby、hereinafter、hereof、hereto等等（相應的英語則為：in the future、by this means、in this、afterwards、to this）。法律語言的

拉丁文會顯示出法律語言的神聖權威和嚴密性。諾曼地征服英國後，也將一些法語的法律詞彙帶進英語中，外來語的使用更使得文體變得莊重深奧，翻譯時要儘可能表現出這幾種風格。一般文體的五個語言層次：莊重、正式、洽談、隨意與親暱，翻譯時針對原文及讀者要求而作適當的變化。並且，法律文體一般屬於莊重及正式文體，少用縮略（如X'mas）及縮寫（shall not＝shan't），少用動詞詞組例如少用give up而用abandon，少用break up而用separate。另外，多採用介詞詞組（介詞＋名詞＋介詞），避免單一介詞導致語意不清，例如：

表8-2　法律契約常見的介系詞組

Single preposition	Prepositional phrase
about (concerning)	with reference to
After	subsequent to
By	by means of
by (under)	in accordance with
Because	for the reason that
Before	prior to
For	in favor of
If	in the event that
Like	in the nature of
Since	inasmuch as
Then	at that point
To	for the purpose of

資料來源：筆者參考網路資源綜合整理。

二、法庭視譯活動的實際狀況

　　首先，視譯為介於筆譯與口譯間的活動，法律文本的視譯非常不同於一般文本的視譯，因為視譯文必須產生與原文一樣的法律效果。有研究發現法庭口譯員在視譯過程會要求澄清語意（72.2%），甚被四周人打斷（48.1%），若文件語氣原本較為嚴肅，大多譯者會選擇轉為較口語形式呈現（69.6%）（見圖8-2）。

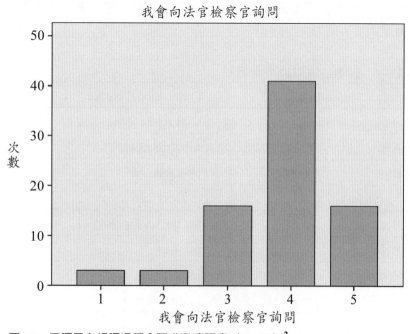

圖8-2　口譯員在視譯過程會要求澄清語意（72.2%）[2]

註：程度1是不會，2是或許會，3是不一定，4是應該會，5是一定會。

2　Chen, Y. 2017.

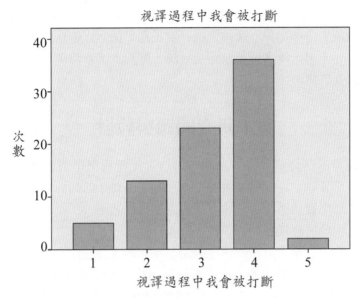

圖8-3　口譯員在視譯過程譯過程會被四周人打斷（48.1%）[3]

註：程度1是不會，2是或許會，3是不一定，4是應該會，5是一定會。

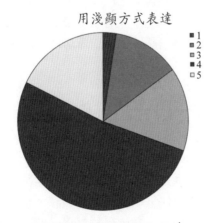

圖8-4　譯者將較嚴肅文本選擇以較口語形式呈現[4]

註：程度1是不會，2是或許會，3是不一定，4是應該會，5是一定會。

3　Chen, Y. 2017.

4　Chen, Y. 2017.

又法庭上書記負責記載口譯員所說，包括對話口譯及視譯部分，理論上這些紀錄（所謂筆錄）應是逐字稿，以確保法庭紀錄的公正性。不過，筆者觀察及親身經驗，實務上法官會徵求當事人同意作摘要的處理。

參、研究問題與設計

筆者為翻譯背景身兼法庭口譯員，反覆思考中國嚴復提出之「信」、「達」、「雅」實際上在法庭運用有任何傾向？簡言之，「信」即忠實於原文、「達」是像原文一樣通順、「雅」就是風格典雅。由於法庭場域的特殊性，聽者背景不一，參與者多，時間有限制，實際上是否會反映這些原則？以下作者以幾件案件系爭之契約書為例，蒐集起訴書包含之契約書翻譯文，同時於2016年5月至2017年3月至法庭觀察口譯員遇到契約書的翻譯情形（原文會投射在左右兩方牆壁），逐字記載下來並思考口譯者之技巧，同時搜尋法學資料檢索系統相關裁判書的契約譯文。由於台灣法庭上不能錄音、錄影，故採取純量化研究不太容易，筆者因此期盼這樣的質性研究方法能引領台灣法庭口譯或法律口筆譯的研究，豐富翻譯研究的視野。

肆、研究結果與討論

一、起訴書記載

筆者先從法庭口譯通知（含起訴書）內有的契約翻譯談起，這樣的譯文有可能來自先前法庭口譯現場所翻譯，或律師庭外翻譯再提供給法院法官，廣義而言，翻譯目的是為法庭聽審所用。本件起訴書[5]所記載原文及翻譯文如下，注意深色框框並畫底線處是值得

5　台北地方法院103訴字第1847號。

商榷處：

契約書原文

In the event of any litigation, arbitration, judicial reference or other legal proceeding involving the parties to this Agreement to enforce any provision of this Agreement, to enforce any remedy available upon default under this Agreement, or seeking a declaration of the rights of either Party under this Agreement, the prevailing Party shall be entitled to recover from the other such attorney's fees and costs as may be reasonably incurred, including the costs of reasonable investigation, preparation and professional or expert consultation incurred by reason of such litigation, judicial reference, or other legal proceeding.

起訴書記載之譯文

「是以如因系爭協議發生糾紛而進行任何訴訟、仲裁或其他司法程序時，勝訴方可以向他方請求因此所支出之律師費用。」

我們無從得知這樣的記載是前次通譯已經簡化或是筆錄簡化，但明顯地，契約的正式語氣仍然保留（如：系爭），筆錄的唯一缺點是「shall be entitled」誤植爲「可以」，正確翻譯爲「應」，法律效力稍有不同。筆者認爲正確譯文應該如下：

起訴書修改後之譯文

「是以雙方對系爭協議發生糾紛必須採取契約的任何行動，因爲某方違約必須採取補救措施，或必須宣告任何一方的權利，最後勝訴方應負擔另外一方所衍生的合理律師費，包括期間所進行訴訟，仲裁或其他私法程序採取的合理調查、準備手續以及專業或專家諮詢。」

二、實際觀察

　　以下是筆者於2016年8月於新竹地院旁聽一件有關英語外籍人士涉案的民事案件[6]，案件主要涉及僱傭契約，筆者將法庭現場投影布幕顯示之原文及口譯文呈現如下：

（契約書原文）

　　Employee shall perform his/her duties relating to his / her authority and position according to the instructions of the Company. Employee also agrees that Company may transfer Employee's work place and worked assignment, as long as there is such need.（員工應依公司之指示執行職務，員工並同意公司得視公司營運需要變更員工之工作地點及工作內容。）

　　法律翻譯相當強調直譯，且中文一般先講原因再講結果，這名口譯者在時間有限狀況下，採用通順原則（即嚴復所謂「達」），依照中文語法所謂先因後果翻譯出來，但可能時間有限並未翻譯出「relating to his / her authority and position」。

三、搜尋法學資料檢索系統

　　為了瞭解新竹地院有關上述案件所涉及契約的完整翻譯，筆者上網查詢法學資料檢索系統的裁判書類，以下是該契約的另外兩項規定及其譯文[7]：

（契約書原文）

　　The Employee acknowledges that he/she is employed as a full-time Employee of the Company and agrees that he/she shall accept no

---

6　新竹地院101勞訴第28號。
7　新竹地院101勞訴第28號。

other work, for which compensation (whether in the form of cash or otherwise) is received, without the prior approval of the Company. （系爭契約第11條a款規定：「員工瞭解其收取公司發給之現金或其他給予，為公司之全職員工之代價，並同意未經公司事前同意不得兼職。」）

（契約書原文）

The Employee agrees to observe and abide by the Company's rules and regulations, as amended from time to time by the Company, as well as any other regulations issued in the future by the Company. The Employee also acknowledges that he has carefully reviewed the employee handbook and work rules of the Company, which shall be deemed part of the Employment Agreement. （系爭契約第12條規定：「員工同意遵守公司隨時修訂的規定及規則，以及公司未來公布的其他規則；員工也瞭解並已收到被視為僱傭契約一部分的公司員工手冊以及工作規則。」）

可以看出判決書原文的英文被動態忠實地反映在中文翻譯上，整體看來，譯文通順但有摘要的傾向，嚴復之「信」、「達」、「雅」的「信」部分相較「達」為弱。一樣地，我們不確定法院裁判書記載的契約譯文是口譯者所視譯或是律師所提供，但因為判決文最後對契約的記載相當摘要化，筆者建議司法通譯在法庭現場視譯時，需特別注意嚴復之「信」原則，甚至特別注意書記所打出來的筆錄（庭審桌上電腦所呈現），一旦有法律效果不一致時，應該予以提出。

伍、結論

　　以上看出契約譯文不論是起訴書或判決書或是現場法庭口譯所翻譯，大致傾向保留正式的口吻，又法庭上書記作筆錄常作摘要，法庭口譯員在看電腦記載時，對此要予以檢查，有鑒於此，在有限時間內，嚴復的「信」、「達」、「雅」的「信」部分需特別注意。隨著愈來愈多的國外企業來到台灣，對英語商務契約的翻譯研究已成為翻譯工作者的一個重要課題，通過對這樣視譯原則的瞭解，可以使法庭上契約翻譯變得輕鬆且得心應手。

附錄8-1　全國法規資料庫檢索系統之民事類契約案件查詢

第九章　司法通譯的專業倫理

壹、前言

　　如美國學者剛薩雷茲（Gonzalez）與米克爾森（Mikkelson）合著之書（1991）所稱，法庭通譯是一項執行公正的工具，可以使語言障礙者獲得與其他人相同的保護。其重要性不僅在幫助法官發現事實，也可保障被告應享有的普世人權。爲了達到此目的，規範法律口譯服務的專業倫理項目不少，這些規範對於法官、檢察官的案件審理及警察詢問至爲重要。譬如，2012年1月加拿大法院宣告誤判一件有關印度勞工犯罪的案例，原因是印度語通譯將「性侵害」（sexual assault） 誤翻爲「人身攻擊」（physical assault）；「生殖器部位」（genital area）誤翻爲「大腿之間」（between legs）；「兩天」翻爲「數星期」。法官認定這些訊息對被告非常重要。更早前二次大戰審判德國戰俘的案件，口譯員反覆將德文「ja」翻爲「yes」，雖然「ja」可能有「yes」的意思，它也可能作爲語助詞，類似美國人的「um」或「well」。將證人證詞的「ja」翻爲「yes」，可能跟證人原來意思不同。[1]

　　另外一個受矚目的案件是一個日本旅行團入境澳洲墨爾本時遭控運輸海洛因毒品事件。七名日本旅客依既定行程抵達澳洲墨爾本，其中5人被以運輸毒品的罪名遭起訴。嗣後日本學者與通譯人員等從中發現通譯的問題重重，如通譯人員將「legal practitioner」（執業律師、自選律師）翻成「與法律有關的人」，將「legal aid」（法律扶助）翻成「與法律有關的組織」，未清楚地把「可

1　以上兩例參考2014/11/11 http://www.apa.org/monitor/2012/03/jn.aspx。

以要求免費安排律師辯護」的意思傳達出來，以致嫌犯不瞭解自己的律師選任權，而未選任律師[2]。這些例子皆表現出司法通譯的專業倫理中「忠實傳譯」的重要性。

近年來從事法庭口譯者為提倡專業倫理、分享專業資訊並爭取自身權益，進而形成有規模的專業性組織的情形不少，有些組織甚或自行制定了口譯倫理守則，並要求會員遵守（如American Translators Assication及Australian Institute of Interpreters and Translators及台灣之台東外語通譯協會等）。環顧這些國外法庭口譯的組織，美國第一個法庭口譯組織為CCIA（California Court Interpreters Association），成立於1971年，後來有NAJIT（The National Association of Judiciary Interpreters and Translators），成立在1999年[3]；歐洲國家的法庭口譯組織有EULITA（European Legal Interpreters and Translators Association），成立於2009年[4]；英國如APCI（Association of Police and Court Interpreters），成立於1974，[5]這些組織對於形成今日法庭口譯之專業扮演了重要角色。但由於本書的重點在於台灣的法庭口譯，以下敘述台灣的法庭口譯組織，第三部分的法庭口譯倫理則先瀏覽美國聯邦法院通譯規範及加州通譯倫理守則，再仔細討論國內法務部頒布之通譯規範。

一、國內法庭口譯的組織

（一）進入當代以前

回顧台灣在日治時期將通譯列入司法編制，當時一群對台灣政治不滿的司法通譯甚至組成了一個組織「學友會」，但成立不到五

---

[2] 參見沈美真、李炳南、楊美鈴（2012），《司法通譯案調查報告》，頁344-348。

[3] 參考Court Interpreters at a Crossroads by Mikkelson (1999). https://acebo.myshopify.com/pages/court-interpreting-at-a-crossroa

[4] 參考EULITA官網http://eulita.eu/european-legal-interpreters-and-translators-association-eulita-celebrates-first-anniversary。

[5] 參考APCI官網http://www.apciinterpreters.org.uk/。

年，便如曇花一現解散了。這些成員常常在報紙抒發對當局施政看法，通譯個人因從事了許多翻譯以外的事務，如在報章上批評時政等，屢受外人詬病。台灣日日新報1899年5月18日登載〈通譯的罪惡〉[6]提到：「翻譯只是翻譯、語言的媒介者、傳話機、信號旗，他們的職務僅止於此，脫離此領域已不是翻譯。翻譯本來就不該自動，只在他人指揮下可行動，媒介語言之際不許絲毫的過怠，其責任都歸在此。然而該是機械性的翻譯，近來從事精神性的行為，傳說他們打算像大政治家或大事業家那樣發展。有些煽動愚民發動奇怪的運動，蠱惑土豪，逞其貪欲，站在官民之間企圖獲取不當的利益，乘士商的分裂巧妙地挑發各派，以攪亂好不容易將歸一的民情，妨害施政。這種人一般被稱為通譯政治家或通譯事業家。我不知道為何如此。」學友會的建立代表日治初始通譯職業的重要性，不過這個組織並沒有發展出很多的專業化條件，例如專業（通譯）倫理的制定。

（二）台東縣外語通譯協會與台灣通譯協會[7]

台灣當代第一個通譯組織為台東縣外語通譯協會（2011. 11），第二個組織為台灣司法通譯協會（TJIA）（2014.10），兩者皆由現任台東移民署專員陳允萍先生成立。前者為地區性組織，後者為全國性組織。目前，TJIA在桃園、新竹、雲林、台南等城市設有約400個會員和10個分支機構，內部培訓大部分由創始人陳允萍先生領導，其中大多數成員（85%）是來自東南亞國家的新移民，這與台灣高等法院的通譯備選人資料庫的成員比例形成鮮明對比（如附錄9-1）。在這個資料庫中，東南亞語言的成員占45%；手語或土著語言21%；其餘36%（如日語、英語、法語、西班牙語、俄語

6　富田哲（2011）。〈日治初期對臺灣總督府「通譯」的批判〉，《淡江日本論叢》23號，頁205-229。

7　台灣司法通譯協會官網 http://www.tjia.com.tw/pagetop.htm

等）。部分口譯員經常性地接受台灣高等法院和TJIA兩方面的培訓，這些兩方受訓的特約通譯的能力因此較其他通譯有更多強化的機會。依照TJIA官網所述，其成立宗旨與任務爲下：

本會宗旨

本會爲依法設立、非以營利爲目的之社會團體，並依據公民與政治權利國際公約上之精神，協助在我國境內語言不通者在司法案件進行時之傳譯爲宗旨。

本會任務

本會依據「公民與政治權利國際公約」之精神與我國之「公民政治權利國際公約與政治及經濟社會文化權利國際公約施行法」之內涵爲主要任務如下：
1. 促進我國境內從事司法案件相關部門之語言公平環境，並協助政府機關處理國境內涉外司法案件。
2. 維護我國境內語言不通者基本人權。
3. 提高司法通譯案件通譯人員傳譯之準確度及可信度。
4. 爭取從事司法通譯人員之應有基本權益。
5. 維護與提倡善良完善之司法通譯制度。

本會之輔助任務如下：
1. 協助政府政令宣導及語言不通者生活適應輔導之傳譯工作。
2. 協助社區公共服務性質之傳譯。

以上看來台灣司法通譯協會初期成立具有相當的服務理念，創辦人並且經常性地舉辦通譯培訓，目前雖然公部門如台灣高等法院及法官學院的培訓課程仍居主導地位，但協會的培訓無形中也對台灣司法通譯品質提升有所刺激與輔助。

參、國外的司法通譯倫理規範

在歐洲，國際翻翻譯總署（International Federation of Translators, FIT）的法律與法庭口譯委員會制定了法庭口譯從業者倫理，主要原則有：一、忠實性（Fidelity）；二、保密性（Confidentiality）；三、公平性（Impartiality）；四、專業（端莊）行爲（Professional Conduct）[8]。另外，根據美國家加州法院通譯員規章（California Court Rules of Interpreters）984.4條例，專業通譯員應有以下表現[9]：

第1點　專業資格能力之揭示義務（Representation of qualifications）

法庭通譯應確實、完全地揭示其專業證書、訓練課程、以及相關經驗。（An interpreter must accurately and completely represent his or her certifications, training, and relevant experience.）

第2點　完整且精確之傳譯義務（Complete and accurate interpretation）

1. 法庭通譯應善盡其傳譯能力，並確實判斷，以達到精確的傳譯，而不擅自加油添醋、遺漏省略或編輯來源語言。
   （An interpreter must use his or her best skills and judgment to interpret accurately without embellishing, omitting, or editing）
2. 爲當事人進行傳譯時，法庭通譯應將整個程序中的每一句話譯出。（When interpreting for a party, the interpreter must interpret everything that is said during the entire proceedings.）

8　參見 Holly Mikkelson (2000). Introduction to Court Interpreting pp. 96-99.
9　沈美眞、李炳南、楊美鈴（2012），《司法通譯案調查報告》，頁406-410。

3. 為證人進行傳譯時，法庭通譯應將整個作證程序中的每一句話譯出。（When interpreting for witness, the interpreter must interpret everything that is said during the witness's testimony.）

第3點　確保公正性與利益衝突之迴避義務（Impartiality and avoidance of conflicts of interest）

1. 公正性（Impartiality）：法庭通譯應確保公正無私、不偏不倚的態度，並應避免任何會讓人疑有偏見的行為舉止。（An interpreter must be impartial and unbiased and must refrain from conduct that may give an appearance of bias.）

2. 利益衝突之主動告知（Disclosure of conflicts）：法庭通譯應向法官及所有的當事人公開說明每一件實質上或形式上之利益衝突。（An interpreter must disclose to the judge and to all parties any actual or apparent conflict of interest.）

3. 任何會影響法庭通譯客觀性之情形，均屬利益衝突。（Any condition that interferes with the objectivity of an interpreter is a conflict of interest.）

4. 當法庭通譯與本案訴訟上任何一個證人或當事人認識，或有親戚關係時，或者是當通譯員對判決結果有利害關係時，即可能有利益衝突。（A conflict may exist if the interpreter is acquainted with or related to any witness or party to the action or if the interpreter has an interest in the outcome of the case.）

第4點　言行舉止公正（Conduct）

法庭通譯不得有任何讓人疑有偏見、歧視或不公正之言行舉止。（An interpreter must not engage in conduct creating the appearance of bias, prejudice, or partiality.）

第5點　不得評論案情（**Statements**）

　　法庭通譯在訴訟程序終結前，不得向任何人評論案情內容。
（An interpreter must not make statements to any person about the merits of the case until the litigation has concluded.）

第6點　保密義務（**Confidentiality**）

　　法庭通譯不得洩漏辯護律師與當事人間受法律保障的通話內容。（An interpreter must not disclose privileged communications between counsel and client to any person.）

第7點　禁止提供法律上建議（**Giving legal advice**）

　　法庭通譯不得向證人或當事人提供任何法律上的建議，同時也禁止推薦特定律師或律師事務所。（An interpreter must not give legal advice to parties and witnesses, nor recommend specific attorneys or law firms.）

第8點　保持公正且專業的關係（**Impartial professional relationships**）

　　法庭通譯應與所有的法院人員、律師、陪審員、當事人、證人保持公正的專業上關係。（An interpreter must maintain an impartial, professional relationship with all court officers, attorneys, jurors, parties, and witnesses.）

第9點　持續學習與專業上責任（**Continuing education and duty to the profession**）

1. 法庭通譯應持續地學習，以維持並加強法庭口譯技巧與相關訴訟程序知識。（An interpreter must, through continuing education, maintain and improve his or her interpreting skills and knowledge of procedures used by the courts.）

2. 法庭通譯應研究提升其專業能力之道。（An interpreter

should seek to elevate the standards of performance of the interpreting profession.）

第10點　評估並呈報口譯表現上的問題（Assessing and reporting impediments to performance）

1. 法庭通譯應隨時評估自身口譯工作上的表現。（An interpreter must assess at all times his or her ability to perform interpreting services.）

2. 當法庭通譯對自己是否能夠勝任受指派之職務持保留態度時，應立即向法院或相關機關報告其疑問。（If an interpreter has any reservation about his or her ability to satisfy an assignment competently, the interpreter must immediately disclose that reservation to the court or other appropriate authority.）

第11點　呈報違反法 規定之義務

當有任何讓法庭通譯違反法庭傳譯與法律翻譯相關之法律、本規章、或其他官方政策之情形發生時，法庭通譯應向法院或其他相關機關報告。（An interpreter must report to the court or other appropriate authority any effort to impede the interpreter's compliance with the law, this rule, or any other official policy governing court interpreting and legal translating.）

肆、國內的司法通譯倫理規範

鄭家捷（2006）另提出法庭通譯人員的專業道德與責任如以下幾點[10]：

10　鄭家捷（2006），《制度篇——法庭通譯的倫理學》，http://www.jrf.org.tw/newjrf/rte/myform_detail.asp?id=773。

一、準確（accuracy）：法庭傳譯員需要忠實無誤的傳達原意，不論原文為粗俗或典雅，都必須以清晰堅定口氣表達出講者的傳達方式、音調和語調。

二、公平（impartiality）：法庭傳譯員需將公平、中立銘記在心。在法庭上時，都不能對當事人雙方存有偏見。

三、保密（confidentiality）：法庭傳譯員應將相關資訊守密。

四、精通語言（proficiency）：法庭傳譯員應只提供專業服務，增強語文能力和各領域的知識為當要之務。倘若遇到無法克服之難題，傳譯員應主動退出此案件。

五、行為（demeanor）：法庭傳譯員應關切其工作。對於法庭設備與格局陳設應予以熟悉，特別是錄音時麥克風的位子。在案件進行中，傳譯員應坐在不懂英語的講者所能聽到或看到的位置。

六、案件準備（case preparation）：法庭傳譯員先行對案件有所準備是絕對需要的。如有可能，應盡力回顧類似的案件如警方報告或起訴書等相關文件。

　　我國《刑事訴訟法》第三章有「法院職員之迴避」之規定，依此規定，通譯人在以下可能狀況應迴避法律口譯的工作：若遇到與案件當事人有親屬或是法律上的利害關係，或發現與被翻譯人的身分與職業上，係有往來或是有往來的可能，或為牽連關係者（例如通譯人現職是外勞的仲介），或發現與被通譯人在原母國是住在同一鄉村或是其家屬可能有來往者；不主動原則是指通譯人最好不要自告奮勇的「招攬」通譯案件，因為係屬案件如果是由某人突然跳出來向大家說「我來通譯」，那麼，案件的承辦人與被通譯人都會認為這個通譯人的立場是有問題的，如此一來，原本通譯主動協助的好意也會被社會大眾所誤解並且大打折扣。

　　法務部於2013年公布之法院口譯倫理規範，不但有中文版，而且附有中英、中印、中越等對照版，符合東南亞籍通譯需要，中

文內文與立法理由如下[11]：

一、為提升法院傳譯品質，建立通譯行為基準，特訂定本規範。

二、通譯應遵守法令及本規範，秉持熱誠及耐心，以公正、誠實之態度執行傳譯職務。

〔立法理由〕

（一）法院通譯服務之對象多為聾啞、外國人或其他不通曉國語之人，為求忠實傳譯相關陳述內容，自應秉持熱誠及耐心；又依現行各訴訟法之規定，通譯須為公正、誠實之傳譯，此為通譯之基本職業倫理，爰明定之。

（二）參考美國聯邦法院特約通譯工作及職業責任標準第3點、法官倫理規範第3條及法院調解委員倫理規範第1點。

三、通譯應謹言慎行，避免有不當或易被認為損及司法形象之行為。

〔立法理由〕

（一）通譯擔任法庭傳譯工作，協助訴訟程序之進行，應避免有不當或易被認為損及司法形象之行為

（二）參考美國聯邦法院特約通譯工作及職業責任標準第4點、法官倫理規範第5條及法院調解委員倫理規範第8點。

四、通譯執行職務時，不得因性別、種族、地域、宗教、國籍、年齡、身體、性傾向、婚姻狀態、社會經濟地位、政治關係、文化背景或其他因素，而有偏見、歧視、差別待遇或其他不當行為。

11　2014/11/11 植根法律網http://www.rootlaw.com.tw/LawArticle.aspx?LawID
=A060020001059600-1021025

〔立法理由〕

　　（一）本於司法中立性與公正性，通譯執行職務時，不得有偏見、歧視、差別待遇或其他不當行為。

　　（二）參考法官倫理規範第4條。

五、通譯執行職務時，應忠實傳譯當事人、證人、鑑定人及其他關係人之陳述內容，不得有擅自增減、潤飾、修改、曲解原意或隱匿欺罔之行為。

　　通譯執行職務時，如發現誤譯，應即主動告知法院，並協助更正。

〔立法理由〕

　　（一）通譯負有忠實傳譯之職責，不得匿、飾、增、減被傳譯人之陳述內容，以維司法公正。

　　（二）通譯應盡力維持傳譯之正確性，如發現有誤譯之情形，應立即主動告知法院並協助更正。

　　（三）參考美國聯邦法院通譯專業責任規範準則8、準則11、美國聯邦法院特約通譯工作及職業責任標準第1點及加州法院規則第2.890(b)。

六、通譯就傳譯案件所涉之法律、訴訟程序、專業知識或其他陳述用語不明瞭時，應主動告知法院協助釐清。

〔立法理由〕

　　（一）通譯本身未必具備法律或傳譯案件所涉專業，為免失誤，就傳譯案件所涉之法律、訴訟程序、專業知識或其他陳述用語不明瞭時，應主動告知法院並請求協助，避免影響傳譯正確性。

　　（二）參考美國聯邦法院特約通譯工作及職業責任標準第8點及法院調解委員倫理規範第7點。

七、通譯就傳譯案件如有法定應自行迴避事由，不得執行職務。

〔立法理由〕

　　為維護司法程序之公正，通譯遇有法定應自行迴避事由，不得

執行職務。

八、通譯就傳譯案件如有拒絕通譯原因、利益衝突或其他影響其忠實、中立執行職務之情形，應主動告知法院。

〔立法理由〕

　　（一）通譯於傳譯案件時，遇有拒絕通譯原因（各類訴訟法均有通譯準用鑑定人，再準用證人拒絕證言之規定）、利益衝突或其他可能影響其忠實及中立之不利因素等情形，應主動告知法院，以維公正、純淨之傳譯空間。

　　（二）參考美國聯邦法院通譯專業責任規範準則6及準則11、美國聯邦法院特約通譯工作及職業責任標準第9點及加州法院規則第2.890(i)。

　　　　根據監察院司法通譯調查報告，婦女救援基金會提供有以下案例：當事人在地檢署第一次接受檢察官的偵訊，除當事人之外僅有警察及檢察官在場，無社工在場協助。當事人被通譯以母國語言當庭警告：「你在法庭上說話要小心點不要亂說話、不然會被抓去關。」當事人遭到驚嚇，不敢任意回答檢察官的問題。第二天當事人在社工與另一名通譯會談時告知，社工立刻通知警察調查，方才得知該名通譯為其中一名被告的友人，卻未利益迴避。

九、通譯執行職務時，不得就案情提供任何法律意見或陳述個人意見。

〔立法理由〕

　　（一）通譯為協助傳譯之中性角色，傳譯過程中不應就案情提供任何法律意見，並應避免表達個人意見，以免司法公正性遭受質疑。

　　（二）參考美國聯邦法院通譯專業責任規範準則10、美國聯邦法院特約通譯工作及職業責任標準第7點及加州法院規則第2.890(e)。

十、通譯不得接受請託關說或收受不正利益，並應避免與傳譯案件
之當事人、證人、鑑定人或其他關係人有案件外之接觸。

〔立法理由〕

（一）通譯必須保持專業超然，不得接受請託關說或收受不正
利益，並應避免與傳譯案件之當事人、證人、鑑定人或
其他關係人有案件外之接觸，免生物議。

（二）參考美國聯邦法院通譯專業責任規範準則9及準則12、
美國聯邦法院特約通譯工作及職業責任標準第3點、加
州法院規則第2.890(f)、法官倫理規範第8條第1項、法
院調解委員倫理規範第14點及第15點。

十一、通譯不得揭露或利用因職務所知悉之秘密、個人隱私或非公
開訊息。

〔立法理由〕

（一）通譯於傳譯案件時，難免因而知悉他人秘密、個人隱私
或其他非公開訊息。爲保護訴訟當事人及關係人之秘密
與隱私，爰明定通譯之保密義務。至違反保密義務者，
依法應擔負民、刑事責任，自不待言。

（二）參考美國聯邦法院通譯專業責任規範準則4、美國聯邦
法院特約通譯工作及職業責任標準第5點及第6點、加州
法院規則第2.890(d)、法官倫理規範第16條及法院調解
委員倫理規範第3點前段。

十二、通譯應善用教育訓練課程，保持並充實職務所需智識及傳譯
技能。

〔立法理由〕

（一）通譯應善用教育訓練課程，充實職務所需之智識及能
力，以提高傳譯品質。

（二）參考加州法院規則第2.890(g)、法官倫理規範第9條及法
院調解委員倫理規範第4點。

伍、結論

　　國內法務部在制定法庭口譯倫理規範時，參照了不少美國聯邦法院及加州法院的規定，可見不論東方或西方對法庭傳譯之專業倫理英雄所見略同，且首要責任皆為忠實的傳達，修飾所聽到的東西或補充更多細節都不是傳譯員的工作。口譯員應謹記在心：自己只在口譯上提供專業服務，不適合對客戶給予任何法律諮詢。儘管有以上官方通譯倫理的頒布及講授，台灣2016年仍爆發印尼漁工之死的案件，事後調查是檢察機關請來的通譯聽不懂當事人講話摻雜的爪哇語，這代表著台灣司法通譯制度的改進不是只有強調司法通譯倫理單方面，還有公部門派遣通譯不夠謹慎或人數不夠的問題。又第二章所述，台灣法庭口譯的發展自荷西據台至今，很長一段時間都是處於半官方的地位，招聘和任命甚至訓練都掌握在政府部門手中，甫於2014年成立的台灣司法通譯協會也招募成員、制定會員工作守則，甚至開辦培訓講習。這些情況顯示近年來台灣政府部門及台灣司法通譯協會對台灣法庭口譯的專業發展，同時扮演著重要角色。

附錄9-1 台灣高等法院104年度轄區特約通譯備選人名冊

編號	語言別	姓名	備註
1	手語	張寶儀	手語翻譯丙級技術士
2	手語、客語	康銖允	手語翻譯丙級技術士、97年客語（海陸腔）中高級認證合格
3	手語	許晶喬	手語翻譯丙級技術士、台北市政府勞工局100年度委聘手語翻譯員
4	手語	王興嬙	台北市勞工局手語翻譯甲級測驗合格
5	手語	戴素美	手語翻譯丙級技術士、行政院勞工委員會99年度聘任手語翻譯丙級技術士技能檢定術科題庫命製人員
6	客語	劉運財	97年客語（海陸腔）中級認證合格、98年客語（四縣腔）中高級認證合格
7	客語	王美櫻	98年客語（四縣腔）中高級認證合格
8	客語	陳慶祝	97客語（四縣腔）中級認證合格
9	客語	廖貴秋	98年客語（四縣腔）中高級認證合格、99年客語（海陸腔）中高級認證合格、100年客語（大埔腔）中級認證合格
10	客語	徐子涵	97年客語（四縣腔）中高級認證合格99年客語（海陸腔）中高級認證合格
11	客語	鍾秀金	97年客語（四縣腔）中高級認證合格
12	客語	古慶集	99年客語（海陸腔）中高級認證合格

編號	語言別	姓名	備註
13	客語	宋增璽	100年客語（海陸腔）中高級認證合格 101年客語（四縣腔）中高級認證合格
14	客語	官賢相	98年客語（四縣腔）中高級認證合格 100年客語（海陸腔）中級認證合格
15	客語	黃秀錦	100年客語（四縣腔）中高級認證合格
16	客語	詹雪娟	101年客語（饒平腔）中高級認證合格
17	客語	邱秀利	100年客語（四縣腔）中高級認證合格
18	客語	黃美珠	97年客語（海陸腔）中高級認證合格 98年客語（四縣腔）中高級認證合格
19	客語	邱惠珠	97年客語（四縣腔）中級認證合格
20	阿美語	林明德	92年度原住民族委員會阿美語筆、口試認證合格
21	阿美語	楊偉修	91年度原住民族委員會阿美語筆、口試認證合格
22	阿美語	曾美枝	91年度原住民族委員會阿美語筆、口試認證合格
23	阿美語	陳明通	90年度原住民族委員會阿美語筆、口試認證合格、行政院原住民族委會辦理族語教學（阿美族語）支援教學人員結業
24	排灣語	何鳳美	92年度原住民族委員會排灣語筆、口試認證合格
25	排灣語	郭光明	排灣族平地原住民、93年警察人員警正升官等考試及格

編號	語言別	姓名	備註
26	鄒語（阿里山鄒族語）	陳春源	91年度阿里山鄒語原住民族語言能力認證筆、口試認證合格。原住民族委員會推薦
27	布農語（郡群布農語）	顏雲英	90年度郡群布農語筆、口試認證合格。原住民族委員會推薦
28	日語	林京佩	日本語能力試驗一級合格
29	日語	劉志剛	日本語能力試驗一級合格
30	日語	巫深泉	中華航空公司派駐日本8年6月
31	日語	王美女	日本語能力試驗一級合格、東吳大學日本語文學系碩士
32	日語	永野里菜	日本籍（外僑居留證－依親）、日本明治大學法律系畢業、中文流利（居留期限至105年4月7日）
33	日語	田家華	日本語能力試驗一級合格
34	日語	鍾錦祥	日本語能力試驗一級合格
35	日語	丁紀祥	日本語能力試驗一級合格
36	日語	葉小燕	日本語能力試驗一級合格、中華民國導遊人員（日語組）執業證
37	日語	盧月珠	日本久留米大學畢業證書（博士）東吳大學副教授
38	日語	呂永德	日本語能力試驗一級合格、中日口譯工作8年
39	日語	葉冰瑩	東京外國語大學學士、碩士學位，並經亞東關係協會東京辦事處認證、景文科技大學應用外語系講師

編號	語言別	姓名	備註
40	英語、粵語	林南昇	英語領隊人員普考及格、TOEIC 630分（出生地：廣東，廣東話流利）
41	英語	吳宗修	美國維吉尼亞大學土木博士，從事交通事故鑑定與教學工作十餘年，具有美國北佛羅里達大學高等事故重建專業訓練證書
42	英語	張中倩	國立台北大學應用外語系助理教授、亞利桑那州立認證法庭翻譯人員
43	英語	陳雅齡	美國華盛頓州社會局中英口譯員考試，為授證中英口譯員
44	英語	柯亞妮	TOEIC 810分
45	英語	廖秀娟	TOEIC 890分 長榮大學翻譯學系研究所碩士畢業
46	英語	李子仁	國際航空協會24年
47	英語	劉孟怡	TOEIC 990分
48	英語	林怡德	TOEIC 970分 英檢高級達初試標準
49	英語	詹柏匀	全民英檢高級、教育部中英文翻譯能力檢定考試「口譯類逐步口譯組」合格
50	英語	許琬翔	教育部中英文翻譯能力檢定考試「口譯類逐步口譯組」合格
51	英語	龔祐吟	英屬哥倫比亞大學畢業
52	英語	邱光之	TOEIC 790分
53	英語	何承恩	TOEIC 955分

編號	語言別	姓名	備註
54	英語 （中高級）	林崇祐	TOEIC 810分 全民英檢中高級合格
55	英語	陳子瑋	美國康乃爾大學博士 現任師大翻譯研究所副教授
56	英語	林佩怡	TOEIC 990分
57	英語	陳逸穎	TOEIC 910分
58	英語	周瑩瀅	FLPT總分265、口試：S-2＋
59	英語	洪湘鳳	FLPT總分270、口試：S-2＋ TOEIC 860分
60	英語	薛又嘉	TOEIC 775分
61	英語	李悅華	TOEIC 35分
62	英語	劉宗達	TOEIC 940分
63	英語	謝忍翮	100年教育部中英文翻譯能力檢定考試「口譯類逐步口譯組」、筆譯類英譯中合格
64	英語、 西班牙語	王雅娟	台北商業技術學院副教授
65	英語 （中高級）	陳毓奇	全民英檢中高級合格（擔任口筆譯多年） 台灣大學法律系財經法學組畢業
66	英語、法語	柯宗佑	TOEIC 980分 法國國家語言鑑定考試DALF C1及格
67	英語、法語	郭諭	TOEIC 825分 100年法語導遊考試及格

編號	語言別	姓名	備註
68	法語	吳治香	新店崇光社區大學「法國文化與基本會話」課程講師、法語導遊人員考試及格
69	法語	李文佑	巴黎第三大學語言及文化教學方法深入研究碩士學位
70	法語	曾秀珍	法國巴黎第三大學博士學位文憑 淡江大學「國際研究學院歐洲研究所」兼任助理教授
71	法語	李鍏澂	法國巴黎第一大學法學博士候選人、法國國家考試鑑定最高級DALF C2及格
72	法語	黃慧宜	巴黎工商總會高級商務法語證書C1
73	西班牙語 葡萄牙語	莊宛蓉	95年專門職業及技術人員普通考試西班牙語領隊人員考試及格、葡文筆口譯員
74	西班牙語	鄭秋惠	阿根廷布宜諾專業室內設計師畢業、曾任本院轄區95年特約通譯
75	泰語	李富菁	泰國籍（已取得中華民國身分證）
76	泰語	李富芬	泰國籍（已取得中華民國身分證）
77	泰語	李富芳	泰國籍（已取得中華民國身分證）
78	泰語	黃榮生	泰國籍（已取得中華民國身分證）
79	泰語	黃于家	取得泰國長期居留證
80	泰語	徐德秀	泰國籍（取得外僑永久居留證）
81	泰語	黃台安	考試院外語導遊人員考試及格（泰語組）

編號	語言別	姓名	備註
82	泰語	鄒瓊美	泰國籍（取得外僑永久居留證）、高檢署特約通譯、內政部入出國及移民署「通譯人才資料庫-移民輔導通譯人員培訓」擔任口試委員
83	泰語	葉憶煥	泰國籍（已取得中華民國身分證）、現任台北市政府勞工局外勞諮詢員、私立輔仁大學社會工作學系畢業
84	泰語	楊永麗	泰國籍（已取得中華民國身分證）、任職於泰國貿易經濟辦事處
85	泰語	李汝玉	泰國籍（已取得中華民國國身分證）清邁大學營養科學及科技畢業
86	越南語	林雪蘭	越南籍（已取得中華民國身分證）
87	越南語	陳國芳	越南籍（已取得中華民國身分證）、國立台灣大學法律系畢業
88	越南語、粵語	李觀鳳	越南籍（已取得中華民國身分證）、提出僑委會證明書載明籍貫：海南
89	越南語	李玉鳳	越南籍（已取得中華民國身分證）
90	越南語	李惠鳳	越南籍（已取得中華民國身分證）
91	越南語、粵語	李印秀	越南籍（已取得中華民國身分證）通曉廣東話。國立暨南國際大學外國語文學系畢業
92	越南語	陳玉蓮	越南籍（已取得中華民國身分證）、現任台北市勞動力重建運用處雙語人員

編號	語言別	姓名	備註
93	越南語	王翠虹	越南籍（已取得中華民國身分證）、現任職於台北市政府勞工局外勞諮詢中心
94	越南語	黎秋香	越南籍（已取得中華民國身分證）、台北縣私立能仁高級家事商業職業學校畢業
95	越南語	范氏蓓六	越南籍（已取得中華民國身分證）
96	越南語	范秋水	越南籍（已取得中華民國身分證）、參加行政院勞工委員會職業訓練局委託台北縣政府辦理職業訓練班100小時結業
97	越南語	陳煌明	越南籍（已取得中華民國身分證）、通譯人才資料庫移民輔導通譯人員進階培訓9小時結業
98	越南語	鄭　妹	越南籍（已取得中華民國身分證）、通譯人才資料庫移民輔導通譯人員培訓10.5小時結業、現任高檢署特約通譯
99	越南語	黎于菲	越南籍（已取得中華民國身分證）、參加101年東南亞語快譯通－司法通譯人才培訓課程72小時結業
100	越南語	曾女香	越南籍（已取得中華民國身分證）、通譯人才資料庫移民輔導通譯人員進階培訓9小時結業

編號	語言別	姓名	備註
101	越南語	梁清映	越南籍（已取得中華民國身分證）
102	越南語	嚴詠緹	越南籍（已取得中華民國身分證）、台北市政府勞工局職業訓練中心新移民口譯員120小時結業、98年度新住民華語師資暨通譯人才研習30小時結業
103	越南語	鄭碧玉	越南籍（已取得中華民國身分證）、河內外語師範大學中文系畢業、台北市政府勞工局職業訓練中心新移民口譯員120小時結業、現任高檢署特約通譯
104	越南語	胡鶯月	越南籍（已取得中華民國身分證）、參加101年東南亞語快譯通－司法通譯人才培訓課程72小時結業
105	越南語	范氏蓉	越南籍（已取得中華民國身分證）、參加101年永和社區大學多元文化兒童師資培訓課程27小時結業
106	越南語	王金玉華	越南籍（已取得中華民國身分證）、台北縣政府99年全縣新住民通譯員進階訓練12小時結業
107	越南語、粵語	鄧鳳燕	越南籍（已取得中華民國國身分證）、現任嘉祥人力資源管理顧問有限公司擔任翻譯老師
108	越南語	黃幸儀	越南籍（已取得中華民國身分證）現任新北市勞工局外勞科暫僱人員
109	越南語	關麗英	越南籍（已取得中華民國身分證）新北市政府勞工局外勞服務科通譯人員

編號	語言別	姓名	備註
110	越南語	麥玉惠	越南籍（已取得中華民國身分證）中國科技大學資訊管理系畢業
111	印尼語	鄭慧琴	印尼籍（取得外僑永久居留證）、現任職財團法人基督教工業福音團契
112	印尼語	阮慕玲	印尼籍（已取得中華民國身分證）
113	印尼語	黃筱蘋	印尼籍（取得外僑永久居留證）、國立台灣大學護理學系畢業
114	印尼語	關美華	印尼籍（已取得中華民國身分證）、參加101年東南亞語快譯通—司法通譯人才培訓課程72小時結業、國立僑生大學先修班結業
115	印尼語	鄭露茜	印尼籍（已取得中華民國身分證）、於97年8月17至31日參加台中縣外籍配偶家庭服務中心通譯人員培訓課程暨考試（口譯）合格
116	印尼語	曾萍華	印尼籍（已取得中華民國身分證）、99年度台北縣新住民多元文化及通譯人才培訓課程結業、99年度台北縣政府衛生局外籍配偶衛生保健通譯員培訓課程結業
117	印尼語	譚小娜	印尼籍（已取得中華民國身分證）、99年度台北縣政府衛生局外籍配偶衛生保健通譯員培訓課程研習 62 小時結業
118	印尼語、粵語馬來語	劉嘉玲	印尼籍（已取得中華民國身分證）、任職新北市政府勞工局外勞服務科印尼語諮詢人員（暫僱人員）

編號	語言別	姓名	備註
119	印尼語	張慧芳	印尼籍（取得外僑永久居留證）、通譯人才資料庫移民輔導通譯人員培訓10.5小時結業、現任花蓮分院、花蓮分院檢察署特約通譯
120	印尼語	翁秀紅	印尼籍（取得外僑永久居留證）、通譯人才資料庫移民輔導通譯人員進階培訓9小時結業、參加教育部93、94年度外籍與大陸配偶讀書會研習時數各27小時證書
121	印尼語	屈秀芳	印尼籍（已取得中華民國身分證）、參加101年東南亞語快譯通—司法通譯人才培訓課程72小時結業、國立台灣大學醫學院護理學系畢業
122	印尼語	容祐禛	印尼籍（已取得中華民國身分證）政治大學會計系畢業
123	印尼語	邱喜春	印尼籍（已取得中華民國身分證）
124	菲律賓語	陳慈治	菲律賓籍（已取得中華民國身分證）、通譯人才資料庫移民輔導通譯人員培訓10.5小時結業、現任高檢署特約通譯
125	菲律賓語	陳美絲	菲律賓籍（已取得中華民國身分證）、新北市政府國際多元服務櫃檯通譯服務人員
126	菲律賓語	呂雅如	菲律賓籍（已取得中華民國身分證）菲律賓商業管理學院畢業

編號	語言別	姓名	備註
127	菲律賓語	賴愛仁	菲律賓籍（已取得中華民國身分證）現在馬尼拉經濟文化辦事處高雄分處助理
128	緬甸語	周珈菱	緬甸籍（已取得中華民國身分證）
129	緬甸語	柯珍瑋	緬甸籍（已取得中華民國身分證）、通譯人才資料庫移民輔導通譯人員培訓10.5小時結業

附錄9-2　法院通譯倫理規範（中英、中印及中越對照）[12]

法院通譯倫理規範（中英）
Code of Conduct for Court Interpreters

中華民國102年10月25日院台廳司一字第1020028257函訂定
Ratified pursuant to Yuan-Tai-Ting-Si-Yi-Zi Letter No. 1020028257 on Oct. 25, 2013

一、為提升法院傳譯品質，建立通譯行為基準，特訂定本規範。

1. The Code of Conduct for Court Interpreters (hereinafter as this Code) is drafted and ratified to improve the interpretation quality in courts and to establish behavioral standards for interpreters.

二、通譯應遵守法令及本規範，秉持熱誠及耐心，以公正、誠實之態度執行傳譯職務。

2. An interpreter shall be subject to laws and this Code and shall perform interpretation duties impartially and honestly based on the principle of enthusiasm and patience.

三、通譯應謹言慎行，避免有不當或易被認為損及司法形象之行為。

3. An interpreter shall be shrewd in words and behaviors and shall avoid all behaviors which are inappropriate or may be deemed as detrimental to the country's judiciary image.

四、通譯執行職務時，不得因性別、種族、地域、宗教、國籍、年齡、身體、性傾向、婚姻狀態、社會經濟地位、政治關係、文化背景或其他因素，而有偏見、歧視、差別待遇或其他不當行為。

12　http://www.judicial.gov.tw/Intrprtr/Interpreter02.asp

4. An interpreter performing duties shall not exhibit prejudice, discrimination, preferential treatment or other inappropriate deeds against those involved in cases based on their gender, ethnicity, region, religion, nationality, age, physical condition, sexual orientation, marital status, socioeconomic status, political relations, cultural background or other factors.

五、通譯執行職務時，應忠實傳譯當事人、證人、鑑定人及其他關係人之陳述內容，不得有擅自增減、潤飾、修改、曲解原意或隱匿欺罔之行為。

通譯執行職務時，如發現誤譯，應即主動告知法院，並協助更正。

5. An interpreter performing duties shall accurately interpret statements made by parties, witnesses, expert witnesses and other related parties without adding, omitting, embellishing, editing, distorting or hiding the original meaning of the statement.

When realizing any misinterpretation during the performing of duties, an interpreter shall take the initiative to report such a condition to the court and provide assistance in clarification or correction.

六、通譯就傳譯案件所涉之法律、訴訟程序、專業知識或其他陳述用語不明瞭時，應主動告知法院協助釐清。

6. If an interpreter does not understand the laws, proceedings, professional knowledge, or other dictums in the statements involved in a case, he or she shall take the initiative to report such a condition to the court and ask for clarification.

七、通譯就傳譯案件如有法定應自行迴避事由，不得執行職務。

7. An interpreter shall not perform the duties if there is any legal recusal cause in the case.

八、通譯就傳譯案件如有拒絕通譯原因、利益衝突或其他影響其忠

實、中立執行職務之情形，應主動告知法院。

8. An interpreter shall take the initiative to report to the court if there is any cause of refusal of interpretation or a conflict of interest as well as any reason that may potentially affect the faithfulness or neutrality of an interpreter performing duties.

九、通譯執行職務時，不得就案情提供任何法律意見或陳述個人意見。

9. An interpreter performing duties shall not give any legal advice or any personal opinion related to the case.

十、通譯不得接受請託關說或收受不正利益，並應避免與傳譯案件之當事人、證人、鑑定人或其他關係人有案件外之接觸。

10. An interpreter shall not accept solicitation or others asking favors for cases or receive improper benefits, and shall avoid making any unnecessary contact with parties, witnesses, expert witnesses or other relevant parties.

十一、通譯不得揭露或利用因職務所知悉之秘密、個人隱私或非公開訊息。

11. An interpreter shall not disclose or make use of the confidential, personal or nonpublic information acquired during their performance of court duties.

十二、通譯應善用教育訓練課程，保持並充實職務所需智識及傳譯技能。

12. An interpreter shall make good use of the educational and training courses to maintain and improve his or her knowledge and interpreting skills.

法院通譯倫理規範（中印）
Etika Penerjemah Pengadilan

中華民國102年10月25日院台廳司一字第1020028257函訂定
Pemutusan U U.No.1020028257 Taiwan R.O.C 25.10.2014

一、爲提升法院傳譯品質，建立通譯行爲基準，特訂定本規範。

1. Untuk meningkatkan kualitas penerjemah pengadilan maka ditetapkan standar perilaku penerjemah sebagai yang utama dan dibuat norma-norma ini.

二、通譯應遵守法令及本規範，秉持熱誠及耐心，以公正、誠實之態度執行傳譯職務。

2. Penerjemah harus mematuhi undang-undang dan norma-norma tersebut, menjunjung tinggi semangat dan kesabaran , menjalankan tugas sebagai juru bahasa secara adil dan jujur .

三、通譯應謹言愼行，避免有不當或易被認爲損及司法形象之行爲。

3. Penerjemah harus berhati-hati dalam menggunakan kata-kata, hindari perilaku yang tidak benar atau yang mudah dianggap merugikan citra dan perilaku peradilan .

四、通譯執行職務時，不得因性別、種族、地域、宗教、國籍、年齡、身體、性傾向、婚姻狀態、社會經濟地位、政治關係、文化背景或其他因素，而有偏見、歧視、差別待遇或其他不當行爲。

4. Ketika penerjemah sedang melaksanakan tugasnya, tidak boleh ada prasangka, diskriminasi、perbedaan、ketidakadilan atau kesalahan lainnya yang dikarenakan jenis kelamin, ras, geografi, agama, kebangsaan, usia, fisik, orientasi seksual, status perkawinan, status sosial-ekonomi, hubungan politik, latar belakang budaya atau

faktor lain.

五、通譯執行職務時，應忠實傳譯當事人、證人、鑑定人及其他關係人之陳述內容，不得有擅自增減、潤飾、修改、曲解原意或隱匿欺罔之行為。

通譯執行職務時，如發現誤譯，應即主動告知法院，並協助更正。

5. Ketika penerjemah sedang melaksanakan tugasnya, harus benar benar menerjemahkan kasus klien, saksi, penyelidik dan pernyataan dari pihak terkait, tidak boleh dengan sendirinya menambah, mengurangi, menambah cerita, mengubah, memutarbalikkan makna atau maksud yang ada.

Ketika penerjemah sedang melaksanakan tugasnya, jika ditemukan kesalahan dalam menerjemah maka seharusnya memberitahukan ke pengadilan dan membantu memperbaikinya secara inisiatif.

六、通譯就傳譯案件所涉之法律、訴訟程序、專業知識或其他陳述用語不明瞭時，應主動告知法院協助釐清。

6. Ketika penerjemah tidak paham terhadap perihal hukum implikasi kasus, prosedur hukum, pengetahuan khusus atau pernyataan yang tidak dimengerti maka harus berinisiatif memberitahukan hal ini ke pengadilan untuk dibantu diberi penjelasan.

七、通譯就傳譯案件如有法定應自行迴避事由，不得執行職務。

7. Penerjemah dalam menginterpretasi kasus jika ada hubungan yang sesuai dengan ketentuan hukum, maka harus menghindari diri dengan sendirinya, tidak boleh melakukan tugas tersebut.

八、通譯就傳譯案件如有拒絕通譯原因、利益衝突或其他影響其忠實、中立執行職務之情形，應主動告知法院。

8. Penerjemah dalam menginterpretasi kasus jika ada alasan untuk menolak menerjemahkan, alasan konflik kepentingan atau alasan efek lain yang mengganggu hati nurani, lugas netral dalam

kasus maka harus berinisiatif untuk memberitahukannya kepada pengadilan.

九、通譯執行職務時，不得就案情提供任何法律意見或陳述個人意見。

9. Ketika penerjemah sedang melakukan tugasnya, tidak akan memberikan saran hukum apapun atau representasi pendapat pribadi.

十、通譯不得接受請託關說或收受不正利益，並應避免與傳譯案件之當事人、證人、鑑定人或其他關係人有案件外之接觸。

10. Penerjemah tidak boleh menerima suap atau menerima imbalan untuk kepentingan yang tidak benar, justru harus menghindari diri berhubungan dengan klien, saksi, penyelidik atau orang lain yang ada hubungannya dengan kasus ini.

十一、通譯不得揭露或利用因職務所知悉之秘密、個人隱私或非公開訊息。

11. Penerjemah tidak boleh membocorkan atau memanfaatkan pekerjaannya yang merupakan tugas rahasia, privasi pribadi atau informasi tertutup.

十二、通譯應善用教育訓練課程，保持並充實職務所需智識及傳譯技能。

12. Penerjemah harus mengambil manfaat dari pendidikan dan pelajaran pelatihan, mempertahankan dan memperdalam keterampilan intelektual serta teknik interpretasi yang diperlukan saat menjalankan tugas.

法院通譯倫理規範（中越）
QUY PHẠM VỀ LUÂN LÝ THÔNG DỊCH TẠI TÒA ÁN

中華民國102年10月25日院台廳司一字第1020028257函訂定
Ban hành theo công văn số 1020028257 Viện Đài Sảnh Tư Nhất Trung Hoa Dân
Quốc ngày 25 tháng 10 n m 2013

一、爲提升法院傳譯品質，建立通譯行爲基準，特訂定本規範。

1. Nhằm nâng cao chất lượng thông dịch tại Tòa án, thiết lập quy
   chuẩn về hành vi thông dịch của thông dịch viên, ban hành quy
   phạm này.

二、通譯應遵守法令及本規範，秉持熱誠及耐心，以公正、誠實之
   態度執行傳譯職務。

2. Thông dịch viên cần phải tuân thủ pháp lệnh và quy phạm này,
   thể hiện lòng nhiệt tâm và kiên nhẫn, cùng với thái độ công bằng,
   thành thực để thi hành công tác thông dịch.

三、通譯應謹言愼行，避免有不當或易被認爲損及司法形象之行
   爲。

3. Thông dịch viên cần phải thận trọng lời nói hành vi, nên tránh có
   hành vi không thích đáng hoặc dễ bị cho là gây tổn hại cho hình
   ảnh của ngành tư pháp.

四、通譯執行職務時，不得因性別、種族、地域、宗教、國籍、年
   齡、身體、性傾向、婚姻狀態、社會經濟地位、政治關係、文
   化背景或其他因素，而有偏見、歧視、差別待遇或其他不當行
   爲。

4. Thông dịch viên khi thi hành công tác thông dịch, không được vì
   giới tính, chủng tộc, địa phương, tôn giáo, quốc tịch, độ tuổi, thân
   thể, xu hướng giới tình, tình trạng hôn nhân, địa vị kinh tế xã hội,
   quan hệ chính trị, bối cảnh văn hóa hoặc yếu tố khác, mà có thành
   kiến, kỳ thị, đối đãi khác biệt hoặc có hành vi không thích đáng

khác.

五、通譯執行職務時，應忠實傳譯當事人、證人、鑑定人及其他關係人之陳述內容，不得有擅自增減、潤飾、修改、曲解原意或隱匿欺罔之行為。

通譯執行職務時，如發現誤譯，應即主動告知法院，並協助更正。

5. Thông dịch viên khi thi hành công tác thông dịch, cần phải trung thực thông dịch nội dung trình bày của người đương sự, người làm chứng, người giám định và người có liên quan khác, không được có hành vi tự tiện tăng thêm giảm bớt, sửa trôi chảy, sửa đổi, giải thích sai lệch nguyên ý hoặc che giấu lừa dối.

Thông dịch viên khi thi hành công tác thông dịch, nếu phát hiện có dịch sai, phải lập tức chủ động thông báo cho Tòa án, và hỗ trợ đính chính.

六、通譯就傳譯案件所涉之法律、訴訟程序、專業知識或其他陳述用語不明瞭時，應主動告知法院協助釐清。

6. Thông dịch viên khi thông dịch vụ án có liên quan đến pháp luật, trình tự tố tụng, kiến thức chuyên nghiệp hoặc từ ngữ trình thuật chuyên dùng khác mà không hiểu rõ, cần phải chủ động thông báo cho Tòa án giúp đỡ giải thích làm rõ.

七、通譯就傳譯案件如有法定應自行迴避事由，不得執行職務。

7. Thông dịch viên thông dịch vụ án nếu có nguyên do mà pháp luật quy định cần phải tự động né tránh, thì không được thi hành công tác thông dịch.

八、通譯就傳譯案件如有拒絕通譯原因、利益衝突或其他影響其忠實、中立執行職務之情形，應主動告知法院。

8. Thông dịch viên thông dịch vụ án nếu có các tình hình có nguyên nhân từ chối thông dịch, xung đột lợi ích hoặc nguyên nhân khác ảnh hưởng sự trung thực, trung lập thi hành công tác thông dịch,

cần phải chủ động thông báo cho Tòa án biết.

九、通譯執行職務時，不得就案情提供任何法律意見或陳述個人意見。

9. Thông dịch viên khi thi hành công tác thông dịch, không được cung cấp bất kỳ ý kiến gì về pháp luật hoặc trình bày ý kiến cá nhân cho vụ án.

十、通譯不得接受請託關說或收受不正利益，並應避免與傳譯案件之當事人、證人、鑑定人或其他關係人有案件外之接觸。

10. Thông dịch viên không được nhận sự nhờ vả nói giúp hoặc thu nhận lợi ích bất chính, cần phải tránh tiếp xúc bên ngoài với người đương sự, người làm chứng, người giám định hoặc người có liên quan trong vụ án thông dịch.

十一、通譯不得揭露或利用因職務所知悉之秘密、個人隱私或非公開訊息。

11. Thông dịch viên không được tiết lộ hoặc lợi dụng các bí mật, riêng tư cá nhân hoặc tin tức không công khai do nắm bắt được trong quá trình thi hành công tác thông dịch.

十二、通譯應善用教育訓練課程，保持並充實職務所需智識及傳譯技能。

12. Thông dịch viên nên tận dụng các khóa học đào tạo huấn luyện, duy trì và nâng cao kiến thức và kỹ năng thông dịch mà nhu cầu công việc cần dùng.

第十章　實務演練

壹、前言

　　台灣自2006年來實施特約通譯制度，一些對社會影響很大的事件，背後都有司法通譯的參與，這幾年來司法部門持續招募特約通譯，但有些案件需要的通譯語種很特別，檢調單位甚至會遇到找不到人的狀況，如2016年的第一銀行盜領案，當時急切需要的是俄語通譯[1]（見圖10-1），最近有些跨國信用卡盜刷案，犯案人來自東歐國家，被捕時竟然要求國際認證的通譯！這些情形對台灣司法通譯實務工作都是很大的挑戰，如何滿足並提供具備足夠能力的通譯是個嚴重議題。另外一方面，針對通譯學習者，任何一個學科的掌握必須理論與實踐並重，初學者可作大量演練，從演練印證出理論與原則，印象將更為深刻。另外，一名稱職的司法通譯最需要的是一顆熱誠與服務的心，虛心接受通譯訓練，期許以自身語言能力在法庭現場或偵查庭為法官及檢察官發現真實，或是在警察局協助警察進行詢問，雖然翻譯酬勞可能不及大型的會議口譯，能夠服務國家司法，想來是很有意義的事情。

---

[1]　2017/10/7 https://www.youtube.com/watch?v=UkdJIVQsvPQ

頁 > 即時 > 社會

盜領案主嫌安德魯被逮 雙手一攤：不會英文

2016-07-17 21:33

〔記者姚岳宏／台北報導〕一銀ATM盜領案主嫌之一的41歲安德魯，逃亡多日後，今天下午在宜蘭落網，他面對警方初步詢問，均雙手一攤「不會英文」，讓警方為之氣結，目前已將他帶回台北市刑大，專案小組已「備妥」懂俄文的官警來現場翻譯，一定要釐清追查其犯案手法、有無其他共犯及剩下的贓款流向。

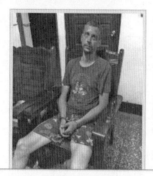

警方調查，拉脫維亞人安德魯，在一銀ATM盜領案發生後，7月11、12日在台北市，躲在民生東路的日租套房，13日逃往宜蘭，住在當地民宿內，警方初步追查，安德魯藏身宜蘭，疑似伺機等人接應準備出境。

第一銀行盜領案發生在本月10日，歹徒疑似使用惡意程式，讓ATM自動吐出錢來，一銀清查發現，總共有41台ATM異常，被盜領約新台幣8327餘萬元。

相關影音

圖10-1　盜領案主嫌安德魯被逮，說明只會俄文[2]

　　在美國，加州法院一直以來為刑事案件和青少年犯罪案件的審理提供口譯，現在這些美國口譯人員還要負責民事案件，這些案件包括保護令申請、子女監護權和其他家庭法律問題等，案件數目只增無減。以筆者個人經驗為例，台灣的司法通譯多面臨外籍人士販毒運毒、盜領存款、詐欺、性侵、逃逸外勞、酒駕、家暴、離婚、收養子女案件。初次擔任法庭口譯，可以多注意這些類型的時事，增廣背景常識與相關詞彙，教授法庭口譯之教師也可同時請同學輪流上台報告這些主題，增加對這些社會案件的熟悉度。[3]

---

[2]　2017/10/10 http://news.ltn.com.tw/news/society/breakingnews/1766033
[3]　根據Chang（2016），台灣法院最需要特約通譯的案件前五名為：人身攻擊、離婚案件、妨害性自主、藏毒運毒與家庭事件協商及子女監護問題。

　　想要利用本章實務演練的讀者們，由於筆者不知各位的語種搭配爲何（中文與英文、中文與日文、中文與越南語、中文與印尼文等），筆者選擇先說明基本的對話口譯技巧（讀、說與視譯），接著示範如何查詢法律術語與法學資料庫，然後針對一些台灣法庭語料進行分析，對照美國相似場景的語料，讀者或能舉一反三，找尋更多的法庭語料或法律篇章作練習。此外，法庭口譯乃對話式口譯，而會議口譯多以錄好的教材做演練，符合前述會議口譯單向傳輸的特徵。法庭口譯的實際狀況有很多來自於現場狀況及說話者背景，因此筆者建議若要增進通譯技巧，可以兩人一組或角色扮演，利用網路上許多的影音教材，從一般口譯技巧如跟述、換句話說到講大意、記憶訓練到記筆記，逐步掌握口譯的訣竅，隨著語言能力的進步及口譯經驗的增加，便有能力面對更難的口譯形式，譬如長逐步或同步（耳語）傳譯。

貳、基本口譯技巧

一、跟述、換句話說及講大意

　　有志於從事法庭口譯的讀者，平時可多運用網路資源，找尋相關的影音新聞，一邊聽、一邊重複所聽到的，或聽完之後以中文或外語說出大意，慢慢地增加語言能力，試著播放一句（段）然後翻譯一句（段），遇有不懂的專業術語及成語、慣用語等，請利用筆者前面幾章所列舉的網路資源作查詢。以下提供幾則常見案例之網路新聞及連結供參考：

　　（一）（販毒運毒）販毒集團運毒又出新招，找歐洲人運毒，降低海關疑心，航警局查獲兩名分別來自瑞典跟法國的男女，行李藏了上億元的毒品，連在機場接應的同夥，都是法國人，航警接獲線報，一共逮到3人，目前正在追查台灣的同夥到底是誰（發布日

期：2015年1月21日民視即時新聞）[4]。

*這篇新聞的專業術語有販毒集團、航警局、同夥、線報；成語或俚語如「出新招」，相關的法律術語再如共謀、走私、偷渡等。

　　（二）（外勞遭性侵自行蒐證）一名印尼女看護工去年底首次來台，今年初派到台中市一名男雇主家照顧對方老父，不料雇主竟多次性侵，她含辱以手機自拍蒐證，傳給友人和仲介，日前被印尼網站披露，引起外媒報導和印尼民眾群情激憤。台中警方前晚循線救人，女看護工情緒激動昨一度割腕自殘；惡狼雇主目前行蹤不明，檢方昨晚簽發拘票，不排除發布通緝。[5]

*這篇報導的專業術語有：性侵、蒐證、簽發拘票、通緝；四字詞組如：割腕自殘、群情激憤、行蹤不明，相關的法律名詞再如：權勢性交、逃亡、交保、妨害性自主等。

　　（三）（逃逸外勞）逃逸外勞被新竹警開9槍全身「18個彈孔」身亡，家屬批：執法過當！新竹縣警局竹北分局鳳岡派出所在8月31日時接獲報案表示有人在偷車，警員陳崇文和李姓民防立即前往現場，當時他們看到一名越南籍逃逸外勞阮國非，正打算詢問逮捕時卻遭到對方抵抗，最後還掙脫跳上警車打算逃跑，陳崇文著急之下直接開槍阻擋，但卻也造成阮姓外勞傷重不治，如今外界也在質疑警員是否執法過當（2017年9月5日）[6]。

*這篇報導的專業術語有：逃逸外勞、執法過當，防衛過當等。

　　（四）（Contempt of Court）California Penal Code 166 PC defines the crime of contempt of court. This crime is committed by being excessively loud or belligerent, refusing to cooperate as a witness, or disobeying a court order. Penal Code 166 PC makes contempt of court a misdemeanor, and penalties include up to 6 months

---

4　2017/9/30 https://www.youtube.com/watch?v=EjjxQLfv5Zk

5　2017/9/30 http://www.appledaily.com.tw/appledaily/article/headline/20160911/37379001/

6　2017/10/7 https://www.youtube.com/watch?v=KzbH6UtWW6Y

jail. But as this former prosecutor explains, a good criminal defense lawyer can often clear up the issue with the court and judge, and get the charges dismissed.[7]

*這篇報導值得注意的專業術語或普通名詞如：contempt of Court（藐視法庭）、misdemeanor（輕罪）、charge dismissed（撤銷告訴），相關的專業術語如 felony（重罪）。

（五）（Thailand's human trafficking trade）Jonathan Head has spent six months investigating the trafficking of humans in Thailand. The plight of thousands of migrants stranded on boats in the Andaman Sea has drawn global attention to a sinister trade in people, which has thrived in south east Asia. For years, though, Thailand has been accused of ignoring the trade centred inside its borders. Those affected are mostly Rohingya migrants from Myanmar, and increasingly, impoverished Bangladeshis, all seeking jobs in Malaysia. The main route has been through Thailand - where ruthless traffickers hold them until their families pay for their release.（BBC News）[8]

*這篇報導值得注意的專業術語或普通名詞如：trafficking、smugglers，相關法律名詞如 forced labor（被強迫工作的勞工）、sex slave（性奴）、vulnerable（脆弱或弱勢）、injustice（不公正）、exploitation（剝削）等。

二、視譯

視譯介於筆譯與口譯之間，是很好的口譯訓練活動，以下提供幾篇不同體裁，長度適中的法律篇章供視譯練習，讀者從視譯過程中，一邊學習相關的法律知識。

7　2017/10/7 https://www.youtube.com/watch?v=lIIfNAy2JFs

8　2017/10/7 https://www.youtube.com/watch?v=QBAs13AL1Jg

（一）起訴書

被告○○○於民國94年12月4日，在台北縣中和市一家餐廳舉行公開結婚儀式並宴請多位賓客，雖未辦理結婚登記，惟依當時民法親屬編之規定，原告仍為被告之合法配偶。被告明知其係已有配偶之人，竟基於重婚之犯意，於102年5月20日與○○○前往台北市中山區戶政事務所辦理結婚登記（斯時民法親屬編已改採登記婚制度），而重為婚姻。

（二）智財權判決書

查「The Cat」著作僅係一般貓咪之外觀剪影，與一般自然界之貓咪外觀形態大同小異，其表達方式亦無特殊之處，準此，自難遽認被告李○○、謝○○及廖○○此部分有侵害告訴人著作財產權之犯行。

（三）An interpreter performing duties shall not exhibit prejudice, discrimination, preferential treatment or other inappropriate deeds against those involved in cases based on their gender, ethnicity, region, religion, nationality, age, physical condition, sexual orientation, marital status, socioeconomic status, political relations, cultural background or other factors.[9]

（四）Instruction to Jury

You must not be influenced by pity for a defendant or by prejudice against him. You mmust not be biased against the defendant because he has been arrested for this offense, charge dwith acrieme, or brought to trial. None of these cirrcumstances is evidence of guilt and you must

---

9　台灣司法通譯倫理規範，英譯版第4條。

not infer or assume from any or all of them that he is more likely to be guilty than innocent.[10]

（五）Legal Contract

In the event of any litigation, arbitration, judicial reference or other legal proceeding involving the parties to this Agreement to enforce any provision of this Agreement, to enforce any remedy available upon default under this Agreement, or seeking a declaration of the rights of either Party under this Agreement, the prevailing Party shall be entitled to recover from the other such attorney's fees and costs as may be reasonably incurred, including the costs of reasonable investigation, preparation and professional or expert consultation incurred by reason of such litigation, judicial reference, or other legal proceeding.[11]

參、查詢法律專有術語及法學資料庫

一、法律專有術語

本節示範如何從以下網路資源如Google、Findlaw Dictionary online、Black's Law Dictionary Online、中英文維基百科、元照英美法查詢、法源法律網、台灣法律中英對照語料庫查詢系統、台灣司法院特約通譯專區等，查到法律專業資訊，譬如要在網路查詢法律上對「reasonable person」的定義，可以輸入在Findlaw Legal Dictionary右側上方輸入「reasonable person」，得到一般的定義如下：

---

10 Holly Mikkelsom & Jim Willis (1993).The Interpreter's Edge: The Generic Eedition. California: ACEBO, pp. 1-61

11 台灣台北地方法院103訴字第1847號。

"A fictional person with an ordinary degree of reason, prudence, care, foresight, or intelligence whose conduct, conclusion, or expectation in relation to a particular circumstance or fact is used as an objective standard by which to measure or determine something…"
(Source: Merriam-Webster's Dictionary of Law)

若還是不懂，可以先Google「reasonable person」，得到以下結果：

讀者可以發現這個專有名詞是英美法系一個法律專有名詞，乃「普通正常人」，瀏覽找到的資料研究發現，美國法官在Hall v. Brooklands（1933）曾解釋：「在街上的人，或在家裡看雜誌的人，或捲起衣袖在黃昏時在草地上推動剪草機的人。」[12] 所以，

12　2017/10/7 http://www.tangsbookclub.com/2013/06/29/%E6%B3%95%E5%BE%8B130629%E4%BE%B5%E6%AC%8A%E6%B3%95%EF%BC%88%E4%BA%8C%EF%BC%89%E8%AB%96%E3%80%8C%E7%96%8F%E5%BF%BD%E3%80%8D1/

reasonable指的是一般平均標準,不是字典「通情達理」。以下請利用第四章附錄所附的法律翻譯研究資源,查詢並定義以下法律專業術語。記得查詢多個單字以上構成的詞有時要用雙引號("")限制住,否則查詢結果會多出很多不相干的東西。我們再來示範以下法律名詞的查詢:「自由心證」及「證據力」。

(一)自由心證

筆者先用Google,搜尋結果有列出德語說法但未發現英文說法,再上英文維基百科,確定英文叫judicial discretion,再到Black Law Online找尋其英美法含意為:Under the rules of law, as circumstances direct fairness, the court has the power of a court to act or not to act.

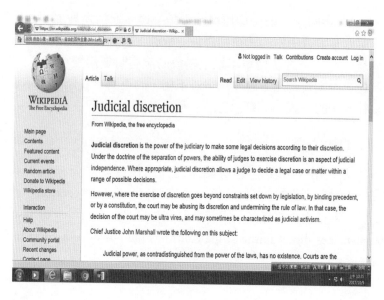

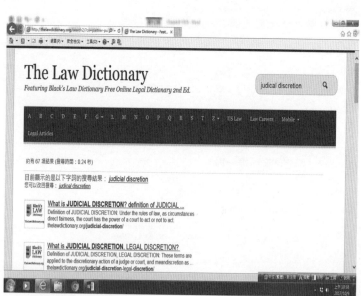

（二）「證據力」

筆者輸入「證據力」，發現它常跟「證明力」一起，所以應該一起研究，Google一下有不少解釋，Wikipedia輸入「evidence」也很多說明，從這些資料可發現它們的英文說法，發現「證據力」可解爲「admissibility」，「證明力」可解爲「reliability」。

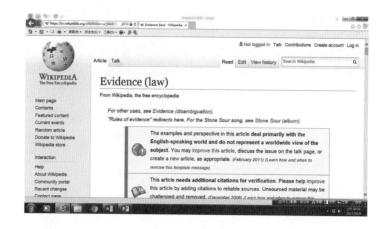

二、法學資料庫

查詢國內法規可上全國法規資料庫查詢，目前有中英文版。案件結束後想瀏覽裁判書可使用法學資料檢索系統，若欲瞭解立法沿革請利用立法院法律系統，此處筆者示範查詢民法親屬編之沿革。

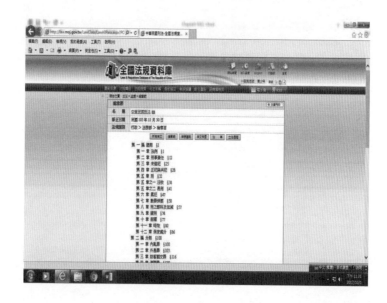

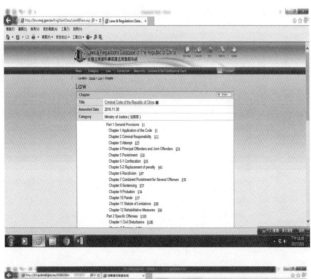

肆、綜合練習

一、台灣法庭審理及警查詢問場景（以下純屬筆者虛構）

（一）法庭一審程序：讀者先就以下法庭對話做角色扮演，熟悉法庭一審程序

【法　警】「請坐」（全員坐下）。

【書記官】本院94年度訴字第168號被告陳世杰殺人未遂案件開始審理。

【審判長】請被告陳世杰上前（被告陳世杰走到庭前）。

【審判長】陳世杰你的出生年月日、住址及身分證號碼？

【陳世杰】65年12月13日生，住台北市杭州南路1段222巷22號2樓，身分證號碼P123456789。

【審判長】陳世杰，檢察官以殺人未遂罪對你提起公訴，在法律上你有下列權利：第一，你可以保持緘默，不必違背自己的意思回答問題。第二，你可以委任律師為你辯護。第三，你可以請求法官為你調查對你有利的證據。這些權利你瞭解了嗎？

【陳世杰】瞭解。

【審判長】請檢察官陳述起訴要旨。

【檢察官】（起立）被告陳世杰是外科醫師，被害人秦芬芳是陳世杰的未婚妻，雙方已經訂婚3年，本來預定在94年年底結婚。93年間，陳世杰另外結識他任職醫院院長的女兒李心怡，竟然圖謀拋棄秦芬芳，連續5個多月未回宜蘭家鄉看望秦芬芳。94年7月7日上午11點20分左右，陳世杰正要外出與李心怡約會之際，秦芬芳突然到台北來探望陳世杰，陳世杰表現得非常冷淡，暗想，若繼續和秦芬芳糾纏下去，將喪失大好前程，這件事要快速作個

了斷。竟然產生殺害秦芬芳的念頭。於是陳世杰假裝要帶秦芬芳到陽明山散心，駕駛陳世杰所有KK4444小客車，先到觀音山吃土雞用餐。午餐期間，陳世杰利用秦上廁所的時候，在秦芬芳的冷飲摻入不詳安眠藥，使秦芬芳陷於半昏迷狀態，在下午3點20點左右，陳世杰將秦扶上KK4444小客車，開往山區偏僻的產業道路，3點40分左右，找到一處適當地點，陳世杰迅速將秦芬芳移到駕駛座，發動引擎，將小客車推入將近100公尺深的山谷，幸好秦命大，小客車在第30公尺的地方就被大石頭擋住，而且因為引擎冒煙，過了40分鐘就被路過的遊客發現，報警救起秦送醫急救，而撿回秦一命，但是秦因為腦部受傷，喪失7月7日來台北以後到出院之間的記憶。被告陳世杰涉嫌觸犯刑法第271條第3項，第1項殺人未遂罪。

【審判長】陳世杰，檢察官起訴你殺人未遂，你有何意見？

【陳世杰】報告法官，沒有這回事，秦芬芳出車禍這一天下午，在辦公室寫報告，有證人可以證明我不在現場，應該是秦自己開車出去散心，因為路況不熟或是不小心，自己掉到山谷去的，我不可能那麼狠去殺害我的青梅竹馬未婚妻。

【審判長】請問辯護人有何意見？

【辯護人】檢察官起訴被告殺人未遂沒有直接證據，我們也有不在場證明，被告是清白的。

【審判長】被告陳世杰否認犯罪，現在開始調查證據，進行詰問證人。

＊ 這是一般殺人未遂案件，檢察官陳訴起訴要旨很長，通譯應該採取記筆記或是適時中斷檢察官說話，若是有書面起訴書，請詢問法官是講大意還是逐字翻譯出來。並請注意下方專業術語及成語或俚語的表達。

* 專業術語：殺人未遂罪、提起公訴、直接證據、不在場證明

　成語或俚語：青梅竹馬

（二）法庭一般對話（請同時模擬通譯在場）

【法　官】檢察官起訴你喝酒開車的事實，是否屬實？

【被　告】（非常激動一邊講）當天晚上我的確喝了三四罐啤酒
　　　　　上路，在我以前的國家這樣應該不會造成違法的。我很
　　　　　抱歉，我被帶上手銬帶到警察局，關在牢裡6小時，我
　　　　　朋友要我跟檢察官申請緩起訴，但檢察官沒有准，我真
　　　　　的不會再這樣，請不要吊銷我駕照，我需要開車拜訪客
　　　　　戶。

（*被告講話很激動，通譯在適當處切斷進行翻譯）

【法　官】你什麼時候來到台灣？是什麼簽證？

【被　告】99年12月，我真的很抱歉！

（*注意：通譯如何翻譯年份，原告未完整回答，通譯是否照翻）

【法　官】我問你什麼簽證？

【被　告】工作簽證。

【法　官】你跟先前檢察官申請緩起訴，檢察官沒有准許，她有她
　　　　　的權利。所以你希望法官判你緩刑？

（*注意：通譯如何翻譯「權利」？如何翻譯「緩刑」？）

【被　告】是的。我真的很抱歉。

【法　官】所以你認罪？還有別的話說？

（*注意：通譯如何翻譯「認罪」？）

【被　告】是的，我很很抱歉。沒有其他想說的。

【法　官】那我們這案件會改以簡易判決處理，你不用再出庭，判
　　　　　決書會寄給你。

（*注意：通譯如何翻譯「簡易判決」？）

（三）在警察局（警察詢問當事人，請同時模擬通譯在場）

【當事人】（一邊哭一邊講）我先生晚上喝醉酒跟我要3,000元我
　　　　　　說沒錢我先生就打我。

（＊注意：講話者說很快，通譯如何應變？通譯如何翻譯「我」？）

【警　察】先生要錢不成打妳這樣的情況發生過幾次了？

【當事人】以前剛結婚沒多久他有打過我，小孩生了慢慢沒有，
　　　　　　可是這半年以來常常發生，而且這個月我已經被打三次
　　　　　　了。我實在是很害怕，跟我住的公婆也很害怕，所以今
　　　　　　天才跑來報警。

【警　察】我先幫你做家暴通報。（拿出通報單填寫）

【當事人】我不懂什麼是「家暴通報」，可不可以你不要告訴我先
　　　　　　生我來報警！

（＊注意：通譯的反應為何？是否再次詢問以確認，或者代為回
答）

【警　察】最近一次被打是什麼時候？用什麼打？經過情形如何？

【當事人】99年12月我們剛結婚沒多久，有一天他喝醉酒就回來
　　　　　　打我。

（＊注意：通譯如何翻譯台灣的年份）

【警　察】我是問你最近一次。

【當事人】最近一次是昨天晚上，他用餐桌椅子打我的手腳，打到
　　　　　　椅子都斷掉了，打完還把我的手機搶走，怕我打電話，
　　　　　　然後把我反鎖在房間裡面。

【警　察】妳要控告妳先生傷害嗎？

【當事人】（很小聲，在哭泣，幾乎聽不到）我不知道。

（＊注意：通譯是否有聽清楚，如果沒有，是否再次詢問以確認回
答）

【警　察】那麼我先幫妳聲請緊急保護令！

【當事人】保護令是什麼意思？

（*注意：通譯是否直接回答案主、或是詢問警察，請警察説明）

【警　察】就是我們跟法院聲請，請法院核發緊急保護令，不准妳
先生再打妳，否則就要處罰他。到時妳先生必須出庭。

【當事人】（不停一直講，情緒激動）啊？還要聲請我先生一起去法
院開庭喔？可以不要嗎？爲什麼啊？這樣他不是會更火
大嗎？我就是不想讓他更生氣，這樣我會被他打死啦！
他會把我趕出門啊！你剛才問我說要不要告我先生的時
候，我才會説我還要想一想啊！可是現在這樣子，不就
跟告他一樣嗎？如果我先生知道我告他，他一生起氣來
一定會把我打得更慘的啦！根本就不用等到上法院啊，
我馬上就會被我先生給打死了！這樣我還不如不要聲
請，早知道我就不來報案了……（哭泣）

（*注意：譯者是否適時且有禮貌的打斷？）

【警　察】妳先不要緊張！不是說你現在就要聲請通常保護令，你
可以再想想看，順便觀察一下有沒有改善。我先把家暴
通報單傳過去給家暴防治中心。

二、英美法場景（美國為例）

（一）Shoplifting Investigation[13]

Court: Are the People ready to proceed?

People: The People are ready, Your Honor.

Court: Call your first witness.

People: The people call Mr. Waters to the stand.

Clerk: Raise your right hand to be sworn. You do solemnly swear hat
the testimony you are abut to give in the cause now pending

13　改編自Holly Mikkelsom & Jim Willis (1993).The Interpreter's Edge: The Generic
Eedition. California: ACEBO, pp. 2-14~16.

before this court will be the truth, the whole truth, and nothing
but the truth, so help you God?

Waters: Yes, all the truth.

Clerk: State your name for the record.

Waters: Joseph Lewis Waters

Clerk: Please be seated.

People: Mr. Waters, what is your occupation?

Waters: I'm employed at the sellers Mart store, in charge of the
security of the store and of the merchandise.

People: How long have you been so employed?

Waters: I've been there three years.

People: Directing your attention to September 22 of last year,
approximately 12:20 p.m., were you working at that time?

Waters: Yeah, uh-huh, yes.

…

People: Can you describe the first thing you observed?

Waters: I saw a man looking at poower tools. He caught my attention
because of the way he was behaving.

…

People: And what happened after he picked up the box of power tools?

Waters: He put it on top of the other box.

People: And after that what happened?

Waters: He adjusted the boxes…He was adjusting them so that he
could carry them.

Defendant: Objection, Your Honor. The witnesss has no knowledge
of the defendant's intent at that time. I ask that this anwer be
stricken.

Court: Objection Sustained. The jury is to disregard the last portion
of the witness' answer.

People: What did he do then?

Waters:He looked all around.

…

（二）**Battered Wife Questioning**[14]

Q: State your name and county of residence for the record, please.

A: My name is Dominque de Strange Lorenzo, and I live here in town. I don't know the name of the county – I just moved here.

Q: Are you married, Ms. Lorenzo?

A: Yes, to Hilton Norway, but we're separated now. We don't get along. He…well, that's why we're here, isn'it?

Q: Please confine yourself to answering the questions, Ms. Lorengo, or should call you mr.s Norway?

A: Whatever you like. Whatever's convenient for you, sir – it doesn't matter to me.

Q: Okay, Ms. Norway. How long have you beenmarried.

A: Let't see. I don't know how many years it would be. Until we separated, or what?

Q: Do you have any children of this marriage.

A: Yes, sir. I have three children. They all moved out.

Q: Directing your attention to what happened on Dec 20, two weeks ago. What happened?

A: Well, my husband came home very late. At 12 o'clock midnight. He was very loud to me and offensive when he came home. I hid in the bathroom. Because I know he was waiting for me.

Q: Then what happened?

14　改編自Holly Mikkelsom & Jim Willis (1993). The Interpreter's Edge: The Generic Eedition. California: ACEBO, pp. 2-23.

A: He kicked the door, I kept quiet in the bahroom. Then he shouted and asked me out. He started call me names: a bitch, a whore…I got angry and threw a chair onto him.

Q: What then?

A: He started beating me. He slapped me in the face.

Q: How long did this last?

A: Half a minute. While he slapped me, I managed to go out and slip to a corner of the house. I got so afraid then I left my home and went to my sister's place.

Q: I see. Now in your testimony, you said you have three children. Where were they during this altercation?

A; During what? I am sorry. I don't understand.

Q: When this happened, did any of your children witness this accident?

A: No, they went to see a movie. Thank God! They went with my mother. They didn't get back until very late. I stayed in my sister's place for two days. Now I come to report his beating me. I want to apply a protection order.

伍、案件分析與通譯準備

博○科技案 葉○○判14年 罰1.8億[15]

〔記者胡守得／台北報導〕博○科技公司作帳160億弊案，士林地方法院昨天依證券交易法、業務侵占罪，判處前董事長葉○○徒刑14年、併科罰金1億8,000萬元，其餘博○主管、員工及配合造假廠商等27人，分處4年以下不等徒刑……判決表示，博○成立後不斷宣傳生產的○○○○晶片前景可觀，但需求量不如預期，為美化財

15　2017/10/6 http://news.ltn.com.tw/news/focus/paper/47854

報，葉○透過海外八家人頭公司，以假銷貨、估價單「堆貨」；並為平衡進、出貨合理量，要求國內七家廠商及虛設海外兩間公司，配合假供料。士院統計，葉女在五年半之中，創造出160餘億假營業額，每年假銷貨比例，少則36%，多達76%。至於博○海外擔保1,000萬美金、投資○○債券8,500萬美元、發行ECB 5,000萬美金（海外可轉換公司債）共計1.5億美金（約49億台幣）部分，士院認為一切皆是海外金融公司配合博○的「紙上作業」，交互「賣空買空」，虛有其表。

分析：這是一件大型經濟犯罪，曾引起社會很大的注意，通常這樣大的案件都會先寄起訴書給通譯，通譯可事先基於起訴書的重點先以外語在腦海先想過一次，並列出可能會使用的一些專業術語（glossary of terminology）。除了較特別的專有名詞，如**洗錢**（money laundering）、**空頭公司**（shell company），**內線交易**（insider trading），也要查出可能會用到的交易名詞如：**債權**（financial claims o creditor's obligations），是指因買賣等交易行為所取得的一種要求特定人給付金錢、物或應從事某種行為的請求權。**債券**（bonds），是一種債務憑證，即債務人發行債券來籌措資金，並承諾在一定期間內，償還債券持有人（債權人）本金及利息的融資工具。現場翻譯特別注意大筆金錢數目的翻譯，先用筆記下來再進行翻譯。

由於本案件涉及業務侵占罪，可以先上網全國法規資料庫瞭解何謂普通侵占、業務侵占，順便把英文版一起抄錄起來，也許法庭傳譯用得上：

刑法第335條：意圖為自己或第三人不法之所有，而侵占自己持有他人之物者，處五年以下有期徒刑、拘役或科或併科一千元以下罰金。前項之未遂犯罰之。

Article 335: A person who has lawful possession of property belonging to another and who takes it for purpose to exercise unlawful control over it for himself or for a third person shall be sentenced to imprisonment for not more than five years or short-term imprisonment; in lieu thereof, or in addition thereto, a fine of not more than one thousand yuan may be imposed. An attempt to commit an offense specified in the preceding paragraph is punishable.

刑法第336條：對於公務上或因公益所持有之物，犯前條第一項之罪者，處一年以上七年以下有期徒刑，得併科五千元以下罰金。

對於業務上所持有之物，犯前條第一項之罪者，處六月以上五年以下有期徒刑，得併科三千元以下罰金。前二項之未遂犯罰之。

Article 336: A person who commits an offense specified in the preceding article with respect to a thing of which he has lawful possession because of his public fiduciary duty or for public interest shall be sentenced to imprisonment for not less than one year but not more than seven years; in addition thereto, a fine of not more than five thousand yuan may be imposed. A person who commits an offense specified in paragraph 1 of the preceding article with respect to a thing of which he has lawful possession resulting from his occupational fiduciary relationship shall be sentenced to imprisonment for not less than six months but not more than five years; in addition thereto, a fine of not more than three thousand yuan may be imposed. An attempt to commit an offense specified in one of the two preceding paragraphs is punishable.

附錄10-1　美國最高法院法官有關同性婚姻之經典語錄及學生試譯[16]

No union is more profound than marriage, for it embodies the highest ideals of love, fidelity, devotion, sacrifice, and family. In forming a marital union, two people become something greater than once they were. As some of the petitioners in these cases demonstrate, marriage embodies a love that may endure even past death. It would misunderstand these men and women to say they disrespect the idea of marriage. Their plea is that they do respect it, respect it so deeply that they seek to find its fulfillment for themselves. Their hope is not to be condemned to live in loneliness, excluded from one of civilization's oldest institutions. They ask for equal dignity in the eyes of the law. The Constitution grants them that right.

　　沒有一種結合比婚姻更牢固，因為婚姻象徵著愛情、忠貞、奉獻、犧牲與家庭的最高理念。締結婚姻讓雙方變得比以往更偉大，誠如這些案件中的部分聲請人所示，婚姻象徵著一種甚至可能超越死亡的愛。指責這些信男善女不尊重婚姻理念是對他們的誤解。聲請人向本庭抗辯：他們十分尊重婚姻，正因為篤信婚姻，所以才想身體力行地履行婚姻。他們不希望在譴責聲討中孤獨終老、不想被人類文明史上最古老的制度排斥在外。他們要求在法律上享有同等的尊嚴。憲法賦予了他們這樣的權利。

　　From their beginning to their most recent page, the annals of

---

16　原文取自Highlights From the Supreme Court Decision on Same-Sex Marriage https://www.nytimes.com/interactive/2015/us/2014-term-supreme-court-decision-same-sex-marriage.html?_r=1。中文部分為台大翻譯碩士學位學程「法律翻譯及文化」課程之學生試譯。

human history reveal the transcendent importance of marriage. The lifelong union of a man and a woman always has promised nobility and dignity to all persons, without regard to their station in life. Marriage is sacred to those who live by their religions and offers unique fulfillment to those who find meaning in the secular realm. Its dynamic allows two people to find a life that could not be found alone, for a marriage becomes greater than just the two persons. Rising from the most basic human needs, marriage is essential to our most profound hopes and aspirations.

婚姻在人類歷史中具有至高無上的重要性，無論社經地位為何，一男一女的終生結合總能為全人類帶來崇高與尊嚴。對於奉行信仰的人，婚姻是神聖的；對於在世俗生活中找尋意義的人，婚姻是自我實現的途徑。婚姻的動能使兩個人得以享有獨自一人時無法擁有的生活，因為兩個人的結合超越兩者本身。婚姻是人類最基本的需求及不可或缺的要素，能滿足人類最深遠的希望與渴望。

The nature of injustice is that we may not always see it in our own times. The generations that wrote and ratified the Bill of Rights and the Fourteenth Amendment did not presume to know the extent of freedom in all of its dimensions, and so they entrusted to future generations a charter protecting the right of all persons to enjoy liberty as we learn its meaning. When new insight reveals discord between the Constitution's central protections and a received legal stricture, a claim to liberty must be addressed.

不公不義的本質在於讓人們在所處的時代未必察覺。數個世代以來，前人撰寫與批准《美國憲法第十四條修正案》時並不瞭解它在各種層面所保障的自由程度與範圍，因此他們交付給後代子孫起

草這條憲章的任務，體會它的涵意的同時也能享受它帶來的自由。每當新見解出現，憲法保障的基本權利與現有法律架構產生歧異時，就必須重申自由的眞諦。

附錄10-2　通譯倫理常識測驗[17]

是非題

（　）1. 通譯可將別人想傳達的任何訊息都表達得很精確，是萬能的溝通媒介。

（　）2. 如果溝通的其中一方聽不懂，那一定是通譯的錯。

（　）3. 通譯不只可以翻譯語言，連沒說出來的想法也可以猜得蠻準的，所以翻譯時要翻出別人心裡想的，而不是翻譯說出來的。

（　）4. 通譯不是沒有靈魂的翻譯機器，但還是應該努力保持中立。

（　）5. 如果翻譯時發現有人說謊，應該馬上說出來，並且指責說謊的一方。

（　）6. 送文件、遞茶水是通譯應該要做的工作內容。

（　）7. 翻譯以外的工作不是通譯的工作內容，但不代表完全不能幫忙。

（　）8. 接通譯案件之前一定要考量自己的能力，適時說不要才是專業的通譯。

（　）9. 通譯就是幫聘通譯的單位節省時間的，所以與主題沒什麼關係的資訊就應該直接省略不翻譯。

（　）10.請通譯幫忙翻譯是法律保障的基本人權。

選擇題

（　）1. 下列哪件是通譯應該做的事？

(A) 當傳聲筒，忠實傳達訊息。

(B) 幫忙過濾不重要的訊息。

17　解答見p.204。

(C) 幫服務對象打抱不平。

(D) 聽得清楚就翻譯，聽不清楚就算了。

( ) 2. 通譯的開場白<u>不</u>包含哪項？

(A) 我會將您說的每句話翻譯給對方聽。

(B) 請直接跟對方說話。

(C) 請儘量用說的，通譯無法翻譯點頭、搖頭或手勢。

(D) 我叫○○○，聯絡電話0912-xxx-xxx。

( ) 3. 下列哪項不是「米蘭達權利」的範圍？

(A) 得保持緘默。

(B) 得選任辯護人。

(C) 得爲了自身利益提供不實證據。

(D) 得請求調查有利之證據。

( ) 4. 下列哪項符合通譯角色中的把關者角色？

(A) 不管訊息的內容是什麼，全部都翻譯。

(B) 過濾不相關的訊息，幫團隊提高效率，避免浪費時間。

(C) 幫忙服務的對象罵溝通的另一方。

(D) 把自己當作翻譯機器，除了翻譯什麼都不管。

( ) 5. 專業的通譯應該做什麼？

(A) 開始通譯前先跟嫌犯聊一聊，知道狀況等下比較好翻譯。

(B) 工作應該固定遲到一下子，顯示專業的氣派。

(C) 事前先跟案主聯絡，多聊些私人情況，熟悉一下對方背景。

(D) 不斷進修，提升自己的專業能力。

( ) 6. 通譯前應該做什麼？

(A) 確定案件主題、內容。

(B) 談好工作的地點、時間。

(C) 先搜尋相關的資料，補充主題知識。

(D) 以上皆是。

（　）7. 通譯時若受到威脅應該怎麼做？

(A) 爲了自身安全，嫌犯說什麼都全部配合。

(B) 馬上終止翻譯並告訴使用的單位。

(C) 爲了避免一堆麻煩，不要告訴任何人。

(D) 什麼都不做，翻譯完回家再告訴家人。

（　）8. 病患問通譯藥該怎麼吃，這時候應該？

(A) 根據自己的經驗告訴對方。

(B) 假裝沒有聽到。

(C) 帶著病患去找醫師或護士詢問。

(D) 叫病患自己想辦法。

（　）9. 有人講話講太久，通譯快記不住內容了，怎麼辦？

(A) 趕緊禮貌地打斷對方，先把聽到的內容翻譯完。

(B) 打斷別人不禮貌，所以還是應該耐心聽完。

(C) 爲了維護形象，不能說自己記不住，反正大概有翻就好。

(D) 等對方全部講完再叫對方全部重講。

（　）10.哪種專業成長的方式比較適合？

(A) 跟同事討論案件的內容，一起批評壞人。

(B) 跟同事一起罵司法不公，凝聚大家的共識。

(C) 把情緒帶回家向家人發洩，對外要維持專業冷靜的形象。

(D) 和同事分享製作的詞彙表。

是非題

1.(×)　2.(×)　3.(×)　4.(○)　5.(×)　6.(×)　7.(○)　8.(○)　9.(×)　10.(○)

選擇題

1.(A)　2.(D)　3.(C)　4. (B)　5.(D)　6.(D)　7.(B)　8.(C)　9.(A)　10.(D)

附錄10-3 美國司法院檢察署起訴書樣本 （United States of America, Dept. of Justice, Office of United Stats Attorneys Sampel Indictment） [18]

844. Sample Indictment – Money Laundering, 18 U.S.C. § 1956(a)(1)(B)(i)

NOTE: This count is based on the facts of the concealment listed above.

1. On or about the _____ day of _____ , in the _____ District of _____ ,

   JOHN DOE,

   defendant herein, did knowingly conduct and cause to be conducted a financial transaction affecting interstate commerce, that being the expenditure of a $6,583.30 account receivable of the debtor in possession, Robert Roe Nursery, Inc., from Sun Gardens, Chicago, Illinois, by using the money in making a loan payment of $8,073.50 payable to the First State Bank, Wrens, Georgia on a debt owed by JOHN DOE .

2. The $6,583,30 used to make part of this $8,073,50 loan payment involved the proceeds of a specified unlawful activity, that is bankruptcy fraud in violation of 18 U.S.C. § 152 as charged in count one of this indictment.

3. The defendant did so knowing that the transaction was designed in whole or in part to conceal and disguise the ownership and control of the proceeds of the specified unlawful activity, namely bankruptcy fraud, and that the property involved the proceeds of some form of unlawful activity.

---

[18] https://www.justice.gov/usam/criminal-resource-manual-844-sample-indictment-money-laundering-18-usc-1956a1bi

All in violation of Title 18, United States Code, Sections 1956(a)(1)(B)(i) and 2. [cited in USAM 9-41.001]

附錄10-4　近年來賣座的法庭電視劇

《無照律師》（*Suits*）

是由Universal Cable Productions所拍攝的美國法律電視影集，由蓋布瑞‧麥奇與派屈克‧亞當斯主演。故事背景設定於紐約一家虛構的法律事務所。影集第一季第一集90分鐘加長版於2011年6月23日在USA Network首播。從播出以來，此劇與劇中演員皆獲得多個電視劇獎項的提名。截至2016年，此劇目前共有六季。[19]

《法庭女王》（*The Good Wife*）

是一套美國法律劇情電視連續劇，2009年9月22日在CBS上首播。劇集由勞勃‧金及其妻蜜雪兒‧金創作，由茉莉安娜‧瑪格麗絲扮演此劇的主角，其餘主要演員為喬西‧查爾斯及克莉絲汀‧布蘭斯基。劇集以美國近期發生的政客醜聞（如前紐約州長艾略特‧斯皮策、前美國總統比爾‧柯林頓）為藍本，描繪一名政客的妻子，在丈夫被揭發召妓及貪汙醜聞而被收監後，如何重拾人生的故事。[20]

《謀殺入門課》（*How to Get Away with Murder*）

是ABC於2014年9月25日起開播的電視影集。本劇由ShondaLand製作公司彼得‧諾沃克開創並由珊達‧萊梅斯擔任執行製作。故事講述由薇拉‧戴維絲飾演的一個在費城大學擔任法律課講師的律師，以及圍繞在他與其學生的殺人案件的故事。[21]

---

[19]　https://zh.wikipedia.org/wiki/%E9%87%91%E8%A3%85%E5%BE%8B%E5%B8%88
[20]　https://zh.wikipedia.org/wiki/%E3%80%8C%E6%B3%95%E3%80%8D%E5%A6%BB
BB
[21]　https://zh.wikipedia.org/wiki/%E9%80%8D%E9%81%99%E6%B3%95%E5%A4%96_(%E9%9B%BB%E8%A6%96%E5%8A%87)

附錄10-5　近年來評價最高的三部美國法庭電影[22]

《大法官》（*The Judge*）

是一部於2014年上映的美國劇情電影，由大衛‧多布金執導，小勞勃‧道尼、勞勃‧杜瓦、薇拉‧法蜜嘉、文森‧唐諾佛利歐、傑瑞米‧史特朗、戴克斯‧夏普德及比利‧鮑伯‧松頓等人擔任主演。劇情講述一名芝加哥的律師漢克‧帕爾默回到位於印第安納州的老家，並在父親約瑟夫‧帕爾默駕車肇事後爲其進行辯護的故事。[23]

《愛侶》（*Loving*）

是一部2016年英國和美國合拍的時代傳記劇情片，電影的靈感源自2011年由Nancy Buirski執導的紀錄片《漫長回家路：一個愛情故事》（*The Loving Story*），電影根據發生於1967年美國最高法院對《洛文夫婦控訴維吉尼亞州案》（羅馬尼亞語：Loving v. Virginia）的裁決，當中涉及維吉尼亞州禁止種族間婚姻的法律，並隨著《洛文夫婦控訴維吉尼亞州案》的發展而拍攝。[24]

《下流正義》（*The Lincoln Lawyer*）

改編自麥可康納利同名小說《林肯律師》，是一部美國劇情電影，導演是布萊德‧費曼，男主角馬修麥康納，2011年上映。麥克‧海勒（馬修麥康納飾），暱稱米契，出身洛杉磯律師世家，亦是一名縱橫加州的律師，其座駕爲高雅奢華的林肯車，因而人稱「林肯律師」。[25]

22　https://thevore.com/courtroom-movies/

23　https://zh.wikipedia.org/wiki/%E5%A4%A7%E6%B3%95%E5%AE%98_(%E9%9B%BB%E5%BD%B1)

24　https://zh.wikipedia.org/wiki/%E6%84%9B%E4%BE%B6_(%E9%9B%BB%E5%BD%B1)

25　https://zh.wikipedia.org/wiki/%E6%9E%97%E8%82%AF%E5%BE%8B%E5%B8%AB_(%E9%9B%BB%E5%BD%B1)

附錄10-6

聯合國《公民權利與政治權利國際公約》標示出審判時的通譯權利。目前海峽兩岸出現兩種中文譯本，以下為較有歧義處與英文譯本作比較。台灣採作準中文譯本（1966），大陸修改某些地方成為通用中文譯本（1973）。更多探討見陳雅齡（2016）、司馬晉、黃旭東（2015）及孫世彥（2007）。

作準中文譯本 （1966）	作準英文譯本	通用中文譯本 （1973）
公民及政治權利國際公約	International Covenant on Civil and Political Rights	公民權利和政治權利國際公約
前文	Preamble	序言
本公約締約國，鑒於依據聯合國憲章揭示之原則，人類一家，對於人人天賦尊嚴及其平等而且不可割讓權利之確認，實系世界自由正義與和平之基礎，確認此種權利源於天賦人格尊嚴，確認依據世界人權宣言之昭示，唯有創造環境，使人	The States Parties to the present Covenant, Considering that, in accordance with the principles proclaimed in the Charter of the United Nations, recognition of the inherent dignity and of the equal and inalienable rights of all members of the human family is the foundation of freedom, justice and peace in the world, Recognizing that these rights derive from the inherent dignity of the human person, Recognizing that, in	本公约缔约各国，考虑到，按照联合国宪章所宣布的原则，对人类家庭所有成员的固有尊严及其平等的和不移的权利的承认，乃是世界自由、正义与和平的基础，确认这些权利是源于人身的固有尊严，确认，按照世界人权宣言，只有在

作準中文譯本（1966）	作準英文譯本	通用中文譯本（1973）
公民及政治權利國際公約	International Covenant on Civil and Political Rights	公民權利和政治權利國際公約
前文	Preamble	序言
人除享有經濟社會文化權利而外，並得享受公民及政治權利，始克實現自由人類享受公民及政治自由無所恐懼不虞匱乏之理想，鑒於聯合國憲章之規定，各國負有義務，必須促進人權及自由之普遍尊重及遵守，明認個人對他人及對其隸屬之社會，負有義務，故職責所在，必須力求本公約所確認各種權利之促進及遵守，爰議定條款如下：	accordance with the Universal Declaration of Human Rights, the ideal of free human beings enjoying civil and political freedom and freedom from fear and want can only be achieved if conditions are created whereby everyone may enjoy his civil and political rights, as well as his economic, social and cultural rights, Considering the obligation of States under the Charter of the United Nations to promote universal respect for, and observance of, human rights and freedoms, Realizing that the individual, having duties to other individuals and to the community to which he belongs, is under a responsibility to strive for the promotion and observance of the rights recognized in the present Covenant, Agree upon the following articles:	創造了使人人可以享有其公民和政治权利，正如享有其经济、社会、文化权利一样的条件的情况下，才能实现自由人类享有公民及政治自由和免于恐惧和匮乏的自由的理想，考虑到各国根据联合国宪章负有义务促进对人的权利和自由的普遍尊重和遵行，认识到个人对其他个人和对他所属的社会负有义务，应为促进和遵行本公约所承认的权利而努力，兹同意下述各条：

第壹編	PART I	第一部分
第一條 一、所有民族均享有自決權，根據此種權利，自由決定其政治地位並自由從事其經濟、社會與文化之發展。 二、所有民族得爲本身之目的，自由處置其天然財富及資源，但不得妨害因基於互惠原則之國際經濟合作及因國際法而生之任何義務。無論在何種情形下，民族之生計，不容剝奪。 三、本公約締約國、包括負責管理非自治及託管領土之國家在內，均應遵照聯合國憲章規定，促進自決權之實現，並尊重此種權利。	Article 1 1. All peoples have the right of self-determination. By virtue of that right they freely determine their political status and freely pursue their economic, social and cultural development. 2. All peoples may, for their own ends, freely dispose of their natural wealth and resources without prejudice to any obligations arising out of international economic co-operation, based upon the principle of mutual benefit, and international law. In no case may a people be deprived of its own means of subsistence. 3. The States Parties to the present Covenant, including those having responsibility for the administration of Non-Self-Governing and Trust Territories, shall promote the realization of the right of self-determination, and shall respect that right, in conformity with the provisions of the Charter of the United Nations.	第一条 一、所有人民都有自决权。他们凭这种权利自由决定他们的政治地位，并自由谋求他们的经济、社会和文化的发展。 二、所有人民得为他们自己的目的自由处置他们的天然财富和资源，而不损害根据基于互利原则的国际经济合作和国际法而产生的任何义务。在任何情况下不得剥夺一个人民自己的生存手段。 三、本公约缔约各国，包括那些负责管理非自治领土和托管领土的国家，应在符合联合国宪章规定的条件下，促进自决权的实现，并尊重这种权利。

第貳編	PART II	第二部分
第二條 一、本公約締約國承允尊重並確保所有境內受其管轄之人；無分種族、膚色、性別、語言、宗教、政見或其他主張、民族本源或社會階級、財產、出生或其他身分等等，一律享受本公約所確認之權利。 二、本公約締約國承允遇現行立法或其他措施尚無規定時，各依本國憲法程式，並遵照本公約規定，採取必要步驟，制定必要之立法或其他措施，以實現本公約所確認之權利。	Article 2 1. Each State Party to the present Covenant undertakes to respect and to ensure to all individuals within its territory and subject to its jurisdiction the rights recognized in the present Covenant, without distinction of any kind, such as race, colour, sex, language, religion, political or other opinion, national or social origin, property, birth or other status. 2. Where not already provided for by existing legislative or other measures, each State Party to the present Covenant undertakes to take the necessary steps, in accordance with its constitutional processes and with the provisions of the present Covenant, to adopt such laws or other measures as may be necessary to give effect to the rights recognized in the present Covenant.	第二条 一、本公约每一缔约国承担尊重和保证在其领土内和受其管辖的一切个人享有本公约所承认的权利，不分种族、肤色、性别、语言、宗教、政治或其他见解、国籍或社会出身、财产、出生或其他身分等任何区别。 二、凡未经现行立法或其他措施予以规定者，本公约每一缔约国承担按照其宪法程序和本公约的规定采取必要的步骤，以采纳为实施本公约所承认的权利所需的立法或其他措施。

第貳編	PART II	第二部分
三、本公約締約國承允：	3. Each State Party to the present Covenant undertakes:	三、本公約每一締約国承担：
（子）確保任何人所享本公約確認之權利或自由如遭受侵害，均獲有效之救濟，公務員執行職務所犯之侵權行爲，亦不例外；	(a) To ensure that any person whose rights or freedoms as herein recognized are violated shall have an effective remedy, notwithstanding that the violation has been committed by persons acting in an official capacity;	（甲）保证任何一个被侵犯了本公约所承认的权利或自由的人，能得到有效的补救，尽管此种侵犯是以官方资格行事的人所为；
（丑）確保上項救濟聲請人之救濟權利，由主管司法、行政或立法當局裁決，或由該國法律制度規定之其他主管當局裁定，並推廣司法救濟之機會；	(b) To ensure that any person claiming such a remedy shall have his right thereto determined by competent judicial, administrative or legislative authorities, or by any other competent authority provided for by the legal system of the State, and to develop the possibilities of judicial remedy;	（乙）保证任何要求此种补救的人能由合格的司法、行政或立法当局或由国家法律制度规定的任何其他合格当局断定其在这方面的权利；并发展司法补救的可能性；
（寅）確保上項救濟一經核准，主管當局概予執行。	(c) To ensure that the competent authorities shall enforce such remedies when granted.	（丙）保证合格当局在准予此等补救时，确能付诸实施。

第貳編	PART II	第二部分
第三條 本公約締約國承允確保本公約所載一切公民及政治權利之享受，男女權利，一律平等。	Article 3 The States Parties to the present Covenant undertake to ensure the equal right of men and women to the enjoyment of all civil and political rights set forth in the present Covenant.	第三条 本公约缔约各国承担保证男子和妇女在享有本公约所载一切公民和政治权利方面有平等的权利。
第四條 一、如經當局正式宣佈緊急狀態，危及國本，本公約締約國得在此種危急情勢絕對必要之限度內，採取措施，減免履行其依本公約所負之義務，但此種措施不得只觸其依國際法所負之其他義務，亦不得引起純粹以種族、膚色、性別、語言、宗教或社會階級爲根據之歧視。	Article 4 1. In time of public emergency which threatens the life of the nation and the existence of which is officially proclaimed, the States Parties to the present Covenant may take measures derogating from their obligations under the present Covenant to the extent strictly required by the exigencies of the situation, provided that such measures are not inconsistent with their other obligations under international law and do not involve discrimination solely on the ground of race, colour, sex, language, religion or social origin.	第四条 一、在社会紧急状态威胁到国家的生命并经正式宣布时，本公约缔约国得采取措施克减其在本公约下所承担的义务，但克减的程度以紧急情势所严格需要者为限，此等措施并不得与它根据国际法所负有的其他义务相矛盾，且不得包含纯粹基于种族、肤色、性别、语言、宗教或社会出身的理由的歧视。

第貳編	PART II	第二部分
二、第六條、第七條、第八條（第一項及第二項）、第十一條、第十五條、第十六條及第十八條之規定，不得依本條規定減免履行。 三、本公約締約國行使其減免履行義務之權利者，應立即將其減免履行之條款，及減免履行之理由，經由聯合國秘書長轉知本公約其他締約國。其終止減免履行之日期，亦應另行移文秘書長轉知。	2. No derogationfrom articles 6, 7, 8 (paragraphs I and 2), 11, 15, 16 and 18 may be made under this provision. 3. Any State Party to the present Covenant availing itself of the right of derogation shall immediately inform the other States Parties to the present Covenant, through the intermediary of the Secretary-General of the United Nations, of the provisions from which it has derogated and of the reasons by which it was actuated. A further communication shall be made, through the same intermediary, on the date on which it terminates such derogation.	二、不得根据本规定而克减第六条、第七条、第八条（第一款和第二款）、第十一条、第十五条、第十六条和第十八条。 三、任何援用克减权的本公约缔约国应立即经由联合国秘书长将它已克减的各项规定、实行克减的理由和终止这种克减的日期通知本公约的其他缔约国家。

第三編	PART III	第三部分
第六條 一、人人皆有天賦之生存權。此種權利應受法律保障。任何人之生命不得無理剝奪。 二、凡未廢除死刑之國家，非犯情節最重大之罪，且依照犯罪時有效並與本公約規定及防止及懲治殘害人群罪公約不抵觸之法律，不得科處死刑。死刑非依管轄法院終局判決，不得執行。 三、生命之剝奪構成殘害人群罪時，本公約締約國公認本條不得認為授權任何締約國以任何方式減免其依防止及	Article 6 1. Every human being has the inherent right to life. This right shall be protected by law. No one shall be arbitrarily deprived of his life. 2. In countries which have not abolished the death penalty, sentence of death may be imposed only for the most serious crimes in accordance with the law in force at the time of the commission of the crime and not contrary to the provisions of the present Covenant and to the Convention on the Prevention and Punishment of the Crime of Genocide. This penalty can only be carried out pursuant to a final judgement rendered by a competent court. 3. When deprivation of life constitutes the crime of genocide, it is understood that nothing in this article shall	第六条 一、人人有固有的生命权。这个权利应受法律保护。不得任意剥夺任何人的生命。 二、在未废除死刑的国家，判处死刑只能是作为对最严重的罪行的惩罚，判处应按照犯罪时有效并且不违反本公约规定和防止及惩治灭绝种族罪公约的法律。这种刑罚，非经合格法庭最后判决，不得执行。 三、兹了解：在剥夺生命构成灭种罪时，本条中任何部分并不准许本公约的任何缔约国以任何方

第三編	PART III	第三部分
懲治殘害人群罪公約規定所負之任何義務。 四、受死刑宣告者，有請求特赦或減刑之權。一切判處死刑之案件均得邀大赦、特赦或減刑。 五、未滿十八歲之人犯罪，不得判處死刑，懷胎婦女被判死刑，不得執行其刑。 六、本公約締約國不得援引本條，而延緩或阻止死刑之廢除。	authorize any State Party to the present Covenant to derogate in any way from any obligation assumed under the provisions of the Convention on the Prevention and Punishment of the Crime of Genocide. 4. Anyone sentenced to death shall have the right to seek pardon or commutation of the sentence. Amnesty, pardon or commutation of the sentence of death may be granted in all cases. 5. Sentence of death shall not be imposed for crimes committed by persons below eighteen years of age and shall not be carried out on pregnant women. 6. Nothing in this article shall be invoked to delay or to prevent the abolition of capital punishment by any State Party to the present Covenant.	式克减它在防止及惩治灭绝种族罪公约的规定下所承担的任何义务。 四、任何被判处死刑的人应有权要求赦免或减刑。对一切判处死刑的案件均得给予大赦、特赦或减刑。 五、对十八岁以下的人所犯的罪，不得判处死刑；对孕妇不得执行死刑。 六、本公约的任何缔约国不得援引本条的任何部分来推迟或阻止死刑的废除。

第三編	PART III	第三部分
第八條 一、任何人不得使充奴隸、奴隸制度及奴隸販賣，不論出於何種方式，悉應禁止。 二、任何人不得使充奴工。 三、 （子）任何人不得使服強迫或強制之勞役； （丑）凡犯罪刑罰得科苦役徒刑之國家，如經管轄法院判處此刑，不得根據第三項（子）款規定，而不服苦役； （寅）本項所稱「強迫或強制勞役」不包括下列各項： （一）經法院依	Article 8 1. No one shall be held in slavery; slavery and the slave-trade in all their forms shall be prohibited. 2. No one shall be held in servitude. 3. (a) No one shall be required to perform forced or compulsory labour; (b) Paragraph 3 (a) shall not be held to preclude, in countries where imprisonment with hard labour may be imposed as a punishment for a crime, the performance of hard labour in pursuance of a sentence to such punishment by a competent court; (c) For the purpose of this paragraph the term "forced or compulsory labour" shall not include: (i) Any work or service, not referred to in subparagraph	第八条 一、任何人不得使为奴隶；一切形式的奴隶制度和奴隶买卖均应予以禁止。 二、任何人不应被强迫役使。 三、 （甲）任何人不应被要求从事强迫或强制劳动； （乙）在把苦役监禁作为一种对犯罪的惩罚的国家中，第三款（甲）项的规定不应认为排除按照由合格的法庭关于此项刑罚的判决而执行的苦役； （丙）为了本款之用，"强迫或强制劳动"一辞不应包括：

第三編	PART III	第三部分
法命令拘禁之人，或在此種拘禁假釋期間之人，通常必須擔任而不屬於（丑）款範圍之工作或服役； （二）任何軍事性質之服役，及在承認人民可以本其信念反對服兵役之國家，依法對此種人徵服之國民兵役； （三）遇有緊急危難或災害禍患危及社會生命安寧時徵召之服役； （四）爲正常公民義務一部分之工作或服役。	(b), normally required of a person who is under detention in consequence of a lawful order of a court, or of a person during conditional release from such detention; (ii) Any service of a military character and, in countries where conscientious objection is recognized, any national service required by law of conscientious objectors; (iii) Any service exacted in cases of emergency or calamity threatening the life or well-being of the community; (iv) Any work or service which forms part of normal civil obligations.	（1）通常对一个依照法庭的合法命令而被拘禁的人或在此种拘禁假释期间的人所要求的任何工作或服务，非属（乙）项所述者； （2）任何军事性质的服务，以及在承认良心拒绝兵役的国家中，良心拒绝兵役者依法被要求的任何国家服务； （3）在威胁社会生命或幸福的紧急状态或灾难的情况下受强制的任何服务； （4）属于正常的公民义务的一部分的任何工作或服务

第三編	PART III	第三部分
第九條 一、人人有權享有身體自由及人身安全。任何人不得無理予以逮捕或拘禁。非依法定理由及程式，不得剝奪任何人之自由。 二、執行逮捕時，應當場向被捕人宣告逮捕原因，並應隨即告知被控案由。 三、因刑事罪名而被逮捕或拘禁之人，應迅即解送法官或依法執行司法權力之其他官員，並應於合理期間內審訊或釋放。候訊人通常不得加以羈押，但釋放得令具報，於審訊時、於司法程式之任何其他階	Article 9 1. Everyone has the right to liberty and security of person. No one shall be subjected to arbitrary arrest or detention. No one shall be deprived of his liberty except on such grounds and in accordance with such procedure as are established by law. 2. Anyone who is arrested shall be informed, at the time of arrest, of the reasons for his arrest and shall be promptly informed of any charges against him. 3. Anyone arrested or detained on a criminal charge shall be brought promptly before a judge or other officer authorized by law to exercise judicial power and shall be entitled to trial within a reasonable time or to release. It shall not be the general rule that persons awaiting trial shall be detained in custody,	第九条 一、人人有权享有人身自由和安全。任何人不得加以任意逮捕或拘禁。除非依照法律所确定的根据和程序，任何人不得被剥夺自由。 二、任何被逮捕的人，在被逮捕时应被告知逮捕他的理由，并应被迅速告知对他提出的任何指控。 三、任何因刑事指控被逮捕或拘禁的人，应被迅速带见审判官或其他经法律授权行使司法权力的官员，并有权在合理的时间内受审判或被释放。等候审判的人受

第三編	PART III	第三部分
段、並於一旦執行判決時，候傳到場。 四、任何人因逮捕或拘禁而被奪自由時，有權聲請法院提審，以迅速決定其拘禁是否合法，如屬非法，應即令釋放。 五、任何人受非法逮捕或拘禁者，有權要求執行損害賠償。	but release may be subject to guarantees to appear for trial, at any other stage of the judicial proceedings, and, should occasion arise, for execution of the judgement. 4. Anyone who is deprived of his liberty by arrest or detention shall be entitled to take proceedings before a court, in order that that court may decide without delay on the lawfulness of his detention and order his release if the detention is not lawful. 5. Anyone who has been the victim of unlawful arrest or detention shall have an enforceable right to compensation.	监禁不应作为一般规则，但可规定释放时应保证在司法程序的任何其他阶段出席审判，并在必要时报到听候执行判决。 四、任何因逮捕或拘禁被剥夺自由的人，有资格向法庭提起诉讼，以便法庭能不拖延地决定拘禁他是否合法以及如果拘禁不合法时命令予以释放。 五、任何遭受非法逮捕或拘禁的受害者，有得到赔偿的权利。
第十一條 任何人不得僅因無力履行契約義務，即予監禁。	Article 11 No one shall be imprisoned merely on the ground of inability to fulfil a contractual obligation.	第十一条 任何人不得仅仅由于无力履行约定义务而被监禁。

第三編	PART III	第三部分
第十二條 一、在一國領土內合法居留之人，在該國領土內有遷徙往來之自由及擇居之自由。 二、人人應有自由離去任何國家，連其本國在內。 三、上列權利不得限制，但法律所規定、保護國家安全、公共秩序、公共衛生或風化，或他人權利與自由所必要，且與本公約所確認之其他權利不抵觸之限制，不在此限。 四、人人進入其本國之權，不得無理褫奪。	Article 12 1. Everyone lawfully within the territory of a State shall, within that territory, have the right to liberty of movement and freedom to choose his residence. 2. Everyone shall be free to leave any country, including his own. 3. The above-mentioned rights shall not be subject to any restrictions except those which are provided by law, are necessary to protect national security, public order (ordre public), public health or morals or the rights and freedoms of others, and are consistent with the other rights recognized in the present Covenant. 4. No one shall be arbitrarily deprived of the right to enter his own country.	第十二条 一、合法处在一国领土内的每一个人在该领土内有权享受迁徙自由和选择住所的自由。 二、人人有自由离开任何国家，包括其本国在内。 三、上述权利，除法律所规定并为保护国家安全、公共秩序、公共卫生或道德、或他人的权利和自由所必需且与本公约所承认的其他权利不抵触的限制外，应不受任何其他限制。 四、任何人进入其本国权利，不得任意加以剥夺。

第三編	PART III	第三部分
第十三條 本公約締約國境內合法居留之外國人，非經依法判定，不得驅逐出境，且除事關國家安全必須急速處分者外，應准其提出不服驅逐出境之理由，及聲請主管當局或主管當局特別指定之人員予以覆判，並爲此目的委託代理人到場申訴。	Article 13 An alien lawfully in the territory of a State Party to the present Covenant may be expelled therefrom only in pursuance of a decision reached in accordance with law and shall, except where compelling reasons of national security otherwise require, be allowed to submit the reasons against his expulsion and to have his case reviewed by, and be represented for the purpose before, the competent authority or a person or persons especially designated by the competent authority.	第十三条 合法处在本公约缔约国领土内的外侨，只有按照依法作出的决定才可以被驱逐出境，并且，除非在国家安全的紧迫原因另有要求的情况下，应准予提出反对驱逐出境的理由和使他的案件得到合格当局或由合格当局特别指定的一人或数人的复审，并为此目的而请人作代表。
第十四條 一、人人在法院或法庭之前，悉屬平等。任何人受刑事控告或因其權利義務涉訟須予判定時，應有權受獨立無私之法定管轄法庭	Article 14 1. All persons shall be equal before the courts and tribunals. In the determination of any criminal charge against him, or of his rights and obligations in a suit at law, everyone shall be entitled to a fair and public hearing by a	第十四条 一、所有的人在法庭和裁判所前一律平等。在判定对任何人提出的任何刑事指控或确定他在一件诉讼案中的权利和义务时，人人

第三編	PART III	第三部分
公正公開審問。法院得因民主社會之風化、公共秩序或國家安全關係，或於保護當事人私生活有此必要時，或因情形特殊公開審判勢必影響司法而在其認為絕對必要之限度內，禁止新聞界及公眾旁聽審判程式之全部或一部；但除保護少年有此必要，或事關婚姻爭執或子女監護問題外，刑事民事之判決應一律公開宣示。二、受刑事控告之人，未經依法確定有罪以前，應假定其無罪。三、審判被控刑事罪時，被告一律有權平等享受下列最低限度之保障：	competent, independent and impartial tribunal established by law. The press and the public may be excluded from all or part of a trial for reasons of morals, public order (ordre public) or national security in a democratic society, or when the interest of the private lives of the parties so requires, or to the extent strictly necessary in the opinion of the court in special circumstances where publicity would prejudice the interests of justice; but any judgement rendered in a criminal case or in a suit at law shall be made public except where the interest of juvenile persons otherwise requires or the proceedings concern matrimonial disputes or the guardianship of children. 2. Everyone charged with a criminal offence shall have the right to be presumed innocent until proved guilty according to law.	有资格由一个依法设立的合格的、独立的和无偏倚的法庭进行公正的和公开的审讯。由于民主社会中的道德的、公共秩序的或国家安全的理由，或当诉讼当事人的私生活的利益有此需要时，或在特殊情况下法庭认为公开审判会损害司法利益因而严格需要的限度下，可不使记者和公众出席全部或部分审判；但对刑事案件或法律诉讼的任何判刑决应公开宣布，除非少年的利益另有要求或者诉讼系有关儿童监护权的婚姻争端。

第三編	PART III	第三部分
（子）迅即以其通曉之語言，詳細告知被控罪名及案由； （丑）給予充分之時間及便利，準備答辯並與其選任之辯護人聯絡； （寅）立即受審，不得無故稽延； （卯）到庭受審，及親自答辯或由其選任辯護人答辯；未經選任辯護人者，應告以有此權利；法院認為審判有此必要時，應為其指定公設辯護人，如被告無資力酬償，得免付之； （辰）得親自或間接詰問他造證人，並得聲請法	3. In the determination of any criminal charge against him, everyone shall be entitled to the following minimum guarantees, in full equality: (a) To be informed promptly and in detail in a language which he understands of the nature and cause of the charge against him; (b) To have adequate time and facilities for the preparation of his defence and to communicate with counsel of his own choosing; (c) To be tried without undue delay; (d) To be tried in his presence, and to defend himself in person or through legal assistance of his own choosing; to be informed, if he does not have legal assistance, of this right; and to have legal assistance assigned to him, in any case where the interests of justice so require,	二、凡受刑事控告者，在未依法证实有罪之前，应有权被视为无罪。 三、在判定对他提出的任何刑事指控时，人人完全平等地有资格享受以下的最低限度的保证： （甲）迅速以一种他懂得的语言详细地告知对他提出的指控的性质和原因； （乙）有相当时间和便利准备他的辩护并与他自己选择的律师联络 （丙）受审时间不被无故拖延； （丁）出席受审并亲自替自己辩护或经由他自己所选择的法律援

第三編	PART III	第三部分
院傳喚其證人在與他造證人同等條件下出庭作證；	and without payment by him in any such case if he does not have sufficient means to pay for it;	助进行辩护；如果他没有法律援助，要通知他享有这种权利；在司法利益有此需要的案件中，为他指定法律援助，而在他没有足够能力偿付法律援助的案件中，不要他自己付费；
（巳）如不通曉或不能使用法院所用之語言，應免費爲備通譯協助之；	(e) To examine, or have examined, the witnesses against him and to obtain the attendance and examination of witnesses on his behalf under the same conditions as witnesses against him;	
（午）不得強迫被告自供或認罪。	(f) To have the free assistance of an interpreter if he cannot understand or speak the language used in court;	（戊）讯问或业已讯问对他不利的证人，并使对他有利的证人在与对他不利的证人相同的条件下出庭和受讯问；
四、少年之審判，應顧念被告年齡及宜使其重適社會生活，而酌定程式。	(g) Not to be compelled to testify against himself or to confess guilt.	（己）如他不懂或不会说法庭上所用的语言，能免费获得译员的援助；（庚）不被强迫作不利于他自己的证言或强迫承认犯罪。
五、經判定犯罪者，有權聲請上級法院依法覆判其有罪判決及所科刑罰。	4. In the case of juvenile persons, the procedure shall be such as will take account of their age and the desirability of promoting their rehabilitation.	
六、經終局判決判定犯罪，如後因提出新證據或因發見新證據，確實證明原判錯	5. Everyone convicted of a crime shall have the right to his conviction and sentence being reviewed by a higher tribunal according to law.	四、对少年的案件，在程序上应考虑到他们的年

第三編	PART III	第三部分
誤而經撤銷原判或免刑者，除經證明有關證據之未能及時披露，應由其本人全部或局部負責者外，因此判決而服刑之人應依法受損害賠償。 七、任何人依一國法律及刑事程式經終局判決判定有罪或無罪開釋者，不得就同一罪名再予審判或科刑。	6. When a person has by a final decision been convicted of a criminal offence and when subsequently his conviction has been reversed or he has been pardoned on the ground that a new or newly discovered fact shows conclusively that there has been a miscarriage of justice, the person who has suffered punishment as a result of such conviction shall be compensated according to law, unless it is proved that the non-disclosure of the unknown fact in time is wholly or partly attributable to him. 7. No one shall be liable to be tried or punished again for an offence for which he has already been finally convicted or acquitted in accordance with the law and penal procedure of each country.	龄和说明他们重新做人的需要。 五、凡被判定有罪者，应有权由一个较高级法庭对其定罪及刑罚依法进行复审。 六、在一人按照最后决定已被判定犯刑事罪而其后根据新的或新发现的事实确实表明发生误审，他的定罪被推翻或被赦免的情况下，因这种定罪而受刑罚的人应依法得到赔偿，除非经证明当时不知道的事实的未被及时揭露完全是或部分是由于他自己的缘故。 七、任何人已依一国的法律及刑事程序被最后定罪或宣告无罪者，不得就同一罪名再予审判或惩罚。

第三編	PART III	第三部分
第二十七條 凡有種族、宗教或語言 少數團體 之國家，屬於此類少數團體之人，與團體中其他分子共同享受其固有文化、信奉躬行其固有宗教或使用其固有語言之權利，不得剝奪之。	Article 27 In those States in which ethnic, religious or linguistic minorities exist, persons belonging to such minorities shall not be denied the right, in community with the other members of their group, to enjoy their own culture, to profess and practise their own religion, or to use their own language.	第二十七条 在那些存在着人种的、宗教的或语言的 少数人 的国家中，不得否认这种少数人同他们的集团中的其他成员，共同享有自己的文化、信奉和实行自己的宗教或使用自己的语言的权利。
第五十三條 一、本盟約應交存聯合國檔庫，其中、英、法、俄及西文各本同一作準。 二、聯合國秘書長應將本盟約正式副本分送第四十八條所稱之所有國家。	Article 53 1. The present Covenant, of which the Chinese, English, French, Russian and Spanish texts are equally authentic, shall be deposited in the archives of the United Nations. 2. The Secretary-General of the United Nations shall transmit certified copies of the present Covenant to all States referred toin article 48.	第五十三条 一、本公约应交存联合国档库，其中文、英文、法文、俄文、西班牙文各本同一作准。 二、联合国秘书长应将本公约的正式副本送第四十八条所指的所有国家。

參考文獻

一、中文

王凌（2010），法律翻譯中的文化話轉移：香港普通法中譯個案研究，《翻譯學研究集刊》第13輯。

王泰升（1997），《台灣原住民的法律地位》，行政院國家科學委員會專題研究計畫成果報告，台北：台大法律系。

王泰升（1998），《從淡新檔案觀察清治台灣觀府法律之運作》，行政院國家科學委員會專題研究計畫成果報告，台北：台大法律系。

王泰升（2001）。《台灣法律史概論》，台北：元照出版社。

王泰升（2002），《台灣法的斷裂與連續》，台北：元照出版社。

王泰升、薛化元、黃世杰（2006），《追尋台灣法律的足跡》，台北：五南出版社。

王泰升、顏厥安、黃昭元、李建良、陳忠午、陳惠馨、許士宦（2012），《戰後台灣法學史》，台北：元照出版社。

王道庚（2008），法律翻譯理論與實踐，香港：城市大學出版社。

司法院（2007），《百年司法——司法、歷史的人文對話》，台北：司法院。

司馬晉、黃旭東 （2015）。施奕如（譯）〈暗度陳倉 中國給國際人權公約的考驗〉。《台灣人權學刊》 第三卷第一期。

任文（2010），聯絡口譯過程中譯員的主體性意識研究，北京：外語教學與研究出版社。

朱定初（2000），〈美國法律新詞試譯〉，《中國翻譯》，2000（4），頁45-51。

朱定初（2001），〈談英語法律專門術語之翻譯〉，《翻譯學研究集刊》第6輯，27。

朱定初（2004），談法律專門術語翻譯之雙重功能對等原則，台北：國立編譯館館刊，32（1），頁60-66。

吳豐維（2007），〈何謂主體性？一個實踐哲學的考察〉，《思想》第4期，頁63-78。

宋雷、張紹全（2010），《英漢對比法律語言學》，北京：北京大學出版社。

李筱峰（2013），《台灣史101問》，台北：玉山社。

李憲榮（2010），〈法律翻譯的困難〉，2012年10月16日，取自：http://www.taiwantati.org/?p=359。

杜金榜（2004），《法律語言學》，上海：外語教育出版社。

沈美眞、李炳南、楊美鈴（2012），《司法通譯案調查報告》，台北：台灣監察院。

林晚生（譯）（2007），馬偕（George Lesile Mackay）原著，《福爾摩沙紀事：馬偕台灣回憶錄》，台北：前衛出版社，頁98-99。

林超駿等著（2008），《英美法常用名詞解析》，東吳大學法學院主編，台北：新學林。

邵春美（2009），法律言語行為翻譯的質量評估，《黃石理工學院學報》第26卷第2期，頁37-40。

姜琳琳、袁莉莉（2008），從言語行為理論看法律語篇的翻譯單位，《江西社會科學》第11期，頁240-244。

洪漢鼎（2008），《當代哲學詮釋學導論》，台北：五南出版社。

胡碧嬋（2009），當模糊遇上精確：刑法的語言使用分析，未出版碩士論文，國立政治大學語言學研究所。

胡曙中（2002），《英語修辭學》，上海：外語教育出版社。

孫萬彪（2003），《英漢法律翻譯教程》，上海：上海外語教育
　　出版社。

孫世彥（2007）。〈《公民及政治權利國際公約》的兩份中文
　　本：問題、比較與出路〉《環球法律評論》第6期。

袁暉、宗廷虎（主編）（1990），《漢語修辭學史》，合肥：安
　　徽教育出版社。

高辛勇（2008），《修辭學與文學閱讀》，香港：天地圖書有限
　　公司。

張立珊（2010），《入無人之境──司法通譯跨欄的文化》，國
　　立台灣大學法律研究碩士論文，台北。

張安箴（2008），《從譯者中立談台灣法庭外與通譯制度》，輔
　　仁大學翻譯研究所碩士論文，台北。

張長明、仲偉合（2005），〈論功能翻譯理論在法律翻譯中的適
　　用性〉，《語言與翻譯》第3期。

梁文營（2009），《我國司法通譯制度之研究──與日本比
　　較》，桃園：中央警察大學，頁74。

許雪姬（2006），〈日治時期臺灣的通譯〉，《輔仁歷史學報》
　　第18輯，台北：輔仁大學，頁1-35。

陳子瑋（2011），〈社區口譯──臺灣口譯研究新領域〉，《編譯
　　論叢》第4卷第2期。

陳允萍（2003），我國外事警察涉外案件處理之研究──與日本
　　比較，中央警察大學外事警察研究所碩士論文。

陳秉訓（2014），〈台灣法院判決翻譯理論的提出〉於《譯者養
　　成面面觀》，台北：語言訓練測驗中心，頁137-158。

陳雅齡（2016）。〈翻譯學與國際法的相遇：《公民權利和政治
　　權利國際公約》兩中文本的歧異〉。《SPECTRUM：英語文
　　及口筆譯學集刊》Vol. 14, No.1。

陳雅齡、陳子瑋（2013），法庭口譯品質提升的功能視角，《編

譯論叢》第6卷第2期，頁99-126。

陳雅齡、廖柏森（2013），〈從傳聲筒到掌控者——法庭口譯角色之探討〉，載於廖咸浩、高天恩、林耀福（主編）《譯者養成面面觀》（頁117-135），台北：語言訓練測驗中心。

富田哲（2011），〈日治初期對臺灣總督府「通譯」的批判〉，《淡江日本論叢》23號，頁205-229。

趙軍峰、張錦（2011），作爲機構守門人的法庭口譯員角色研究，《中國翻譯》第1期，頁24-28。

趙堅（2011），由法律文書通俗化（司法的白話文運動）——深思「醫界的病歷中文化」，《新北市醫誌》第9期。

劉惠璇（2010），〈日治時期之「臺灣總督府警察官及司獄官練習所」（1898-1937）——臺灣警察專科學校校史探源（上篇）〉，《警專學報》，台北：台北警專，頁63-94。

魯永強（2006），臺灣法庭外語通譯現況調查與檢討，國立台灣師範大學翻譯研究所未出版之碩士論文，台北。

戴羽君（2002），《台灣法庭通譯初探》，未出版碩士論文，國立雲林科技大學應用外語系，雲林：國立雲林科技大學。

謝怡玲（2003），對話口譯對翻譯理論發展的重要貢獻，《翻譯學研究集刊》第8輯，頁283-322。

二、英文

Agrifoglio, M. (2004). Sight Translation and Interpreting. Interpreting 6: 1, 43-67.

Austin, J. L. (1962). How to do things with words. Oxford: Oxford University Press.

Bakhtin, M. (1981). trans. Carly Emerson and Michael Holoquist. The Dialogic Imaginaion. Austin: University of Texas Press.

Barsky, Robert F. (2005). 'Activist Translation in an Era of Fictional Law', TTR 18 (2): 17-48.

Benson, Thomas W., Prosser, Michael H. (ed.) (1988) Readings in Classical Rhetoric. Davis California: Hermagoras Press.

Berk-Seligson, S. (1990). The Bilingual Courtroom. Chicago: The University of Chicago Press.

Bühler, H. Linguistic (semanic) and extra-linguistic (pragmatic) criteria for the evaluation of conference interpretation and interpreters. Multilingua, 5. 1986, pp. 231-235.

Cao, Deborah (2007), Translation Law. NY: Multilingual Matters, Ltd. Academic Press, 83-113.

Chang, K. C. (2013). Current practices of court interpreting in Taiwan: Challenges and possible solutions.Compilation and Translation Review, 6 (2), Taipei: National Academy for Educational Research, pp. 127-164.

Chang, K. C. (2016). Needs Analysis for the Trainingn of Court Interpreters. Compilation and Translation Review, 9 (2), Taipei: National Academy for Educational Research, pp. 93-136.

Chen Y. (2017). Sight Translation from a Text Linguistic Approach. Journal of Literature and Art Studies, pp. 319-331, New York: David Publishing Company.

Chomsky, Noam (1986). Knowledge of Language: Its Nature, Origin, and Use. New York: Praeger.

Copeland, Rita. (1991). Rhetoric, Hermeneutics, and Translation in the Middle Ages. New York: Cambridge University Press 1991.

Cotterill, J. (2002). Language in the Legal Process. New Yourk: Palgrave Macmillan.

Coupland, N., Wiemann, J. M. and Giles, H. (1991). Talk as 'problem' and communication as 'miscommunication': an integrative analysis. In N. Coupland, H.

Drongelen I., Fisscher O. (2003). Ethical Dilemmas in Performance

Measurement. Journal of Business Ethics, 45, 51-63.

Dysart-Gale, D. (2005). Communication models, professionalization, and the work of medial interpreter. Health Communication, 17, 91-103.

Fairclough, N. (1992). Discourse and Social Change. London: Polity.

Foucault, M. (1972). trans. A.M. Sheridan Smith. The Archaeology of Knowledge. New York: Panteheon Books.

Foucault, M. (1981). trans. Ian Mcleod The Order of Discourse, in Robert Young (ed.), Untying the Text: A Post-Structualist Reader, Routledge & Kegan Paul, 1981, pp. 51-76.

Gaiba, F. (1998). *The origins of simultaneous interpreation.* Ontario : University of Ottawa.

Garzone, G. & Viezzi, M. (eds.) (2002). *Interpreting in the 21st Century: Challenges and Opportunities* [C]. Amsterdam/ Philadelphia: John Benjamins.

Gibbons, J. (1994). Language and Law. London, Longman.

Gibson, K. (2003). Contrasting role morality and professional morality: implications for practice. Journal of Applied Philosophy, vol. 20, no. 1, 17-29.

Gile, D. "L'évaluation de la qualité de l'interprétation par les délégués: une étude de cas." The Interpreter Newsletter, 3, pp. 66-71.

Golanski, Alani, Linguistics and Law, Albany Law Review Journal vol. 66, pp. 60-121. EBSCO Publishing (2002).

González, R. D., Vasquez, V.F., & Mikkelson, H. (1991). Fundamentals of Court Interpreting: Theory, Policy and Practice. NC: Carolina Academic Press.

Hale, S. (1997). The Interpreter on Trial. Pragmatics in court interpreting, in The Critical Link: Interpreters in the Community. Amsterdam: John Benjamins Publishing Co. pp. 201-211.

Hale, S. B. (2004). The discourse of court interpreting. Discourse practices of the law, the witness and the interpreter, Amsterdam and Philadelphia, John Benjamins.

Hale, S. B. (2007). Community Interpreting. Hampshire: Palgrave Macmillian.

Hale, S. B. (2007). Community Interpreting. London: Chippenham and Eastbourne.

Hale, S. B. (2008). Working with interpreters effectively in the courtroom. Paper presented at the AIJA conference: "The use of interpreters in court and tribunals". 12-14 March 2008. Freemantle, WA.

Halliday, M. A. K. (1994). An Introduction to Functional Grammar. London: Arnold.

Hatim, B. and Mason, I. (1990). Discourse and the Translator. London and New York: Longman.

Hatim, B. and Mason, I. (1997). The Translator as Communicator. London and New York: Routledge.

Hoey, M. (1983). On the Surface of Discourse. Allen & Unwin, London.

Hsieh, E. (2006a). Conflicts in how interpreters manage their roles in provider-patient interactions. Social Science & Medicine, 62, 721-730.

Hsieh, E. (2007). Interpreters as co-diagnosticians: Overlapping roles and services between providers and interpreters. Social Science & Medicine, 64, 924-937.

Hsieh, E. (2008). "I am not a robot!" Interpreters' views of their roles in health care settings. *Qualitative Health Research, 18* (10), 1367-1383.

Hu, J. (1999). A Collection of archival documents from Taokas Sinkang Village. Taipei: National Taiwan University Press.

Johnson, B. (1985). "Taking Fidelity Philosophically" in Difference in Translation. Ithaca: Cornell University Press,142-148.

Kalina, S. (2005) Quality Assurance for Interpreting Processes, Meta vol 50, no. 2, pp. 768-784

Kalina, S. 2002. Quality in Interpreting and its Prerequisites. A Framework for a Comprehensive View. In: Garzone, G. and M. Viezzi (eds.). Interpreting in the 21 st Century. Philadelphia: John Benjamins Publishing Company, 121-130.

Leanza, Y. (2005). Roles of community interpreters in pediatrics as seen by interpreters, physicians, and researchers, Interpreting, 7, 167-192.

Lee, J. (2009). Conflicting views on court interpreting examined through surveys of legal professionals and court interpreters. Interpreting 11, 35-5.

Mackay, Leslie George (1896) From Far Formosa. Edinburg and London: Oliphant Anderson and Ferrier.

Maley, Y. (1994). The language of the law. In Gibbons, J. (ed.). Language and the Law. London: Longman Group UK Limited.

Martinsen, B. & Dubslaff F. (2010). The cooperative courtroom: A case study of interpreting gone wrong. Interpreting 12:1, 21-59.

Mason, I. (2006). On mutual accessibility of contextual assumptions in dialogue interpreting. Journal of Pragmatics 8 (3), 359-373.

Mellinkoff, D. (1963). The language of the Law. Boston: Little, Brown & Co.

Mikkelsom H. & Willis, J., (1993). The Interpreter's Edge: The Generic Edition. California: ACEBO.

Mikkelson, H. (1996). The professionalization of community interpreting. In M. Jerome-O'Keeffe (ed.), *Global vision: Proceedings of the 37th Annual Conference of the American*

Translators Association (77-89). Virginia: American Translators Association.

Mikkelson, H. (2000). Introduction to court interpreting. Manchester, UK: St. Jerome Publishing.

Mikkelson, H. (2008). Introduction to court interpreting. Shanghai: Shanghai Foreign Language Education Press.

Mills, S. (1994). Discourses. New York: Routledge.

Newmark, P. (2001). Approaches to Translation. Shanghai Foreign Language Education Press.

Nida, E. and Taber, C. R. (1969) The Theory and Practice of Translation, Leiden: E. J. Brill.

Nord, C. (1997). Translating as a purposeful activity. Manchester: St. Jerome Publishing.

Nord, C. (1997). Translation as a Purposeful Activity. Manchester: St. Jerome Publishing.

O'Barr, W. M. (1982). Linguistic Evidence. Language, Power, and Strategy in the Courtroom, New York, Academic Press.

Parnell, A. and Villa, F. (1986). 'Liason Interpreting as a Method of Language Instruction', Rasssegna Italiana di Linguistica Applicata, 18 (1): 25-32.

Pöchhacker, F. (1999). 'The Evolution of Community Interpreting', *Interpreting* 4 (1): 125-140.

Pöchhacker, F. (2001). Quality Assessment in Conference and Community Interpreting. Meta, XLVI, 2, 410-425.

Pöchhacker, F. (2004). Introducing Interpreting Studies. London & New York: Routledge.

Prun , E. (1997). Translationskultur (Versuch einer konstruktiven Kritik des translatorischen Handelns). TextConText Neue Folge 1, 99-127.

Prun , E. (2000). Vom Translationsbiedermeier zur Cyber-translation. TextConText Neue Folge 4, 3-74.

Reiss, K. (2000). Translation Criticism: The Potentials and Limitations (EF. Rhodes, Trans.). Manchester: St. Jerome.

Roat, C. E., Putsch, R. W., III, & Lucero, C. (1997). Bridging the gap over the phone: A basic training for telephone inerpreers serving medial settings. Seattle, WA: Cross Cultural Health Care Program.

Šarcevic, Susan (1997). New Approach to Legal Translation. The Hague: Kluwer Law International.

Šarcevic,S.(1988). Terminological incongruity in legal dictionaries for translation. *Magar, T./Zigány, J.(ed.): BudaLEX, 88,* 439-446.

Sinclari, J. and Coulthard, M. (1975). Towards an Analysis of Discourse: The English Used by Pupils and Teachers. Oxford University Press, Oxford.

Spivak, G. C. (1993). Outside in the Teaching Machine. London: Routledge.

Takeda, K. (2010). *Interpreting the Tokyo War Crimes Tribunal.* Tokyo: University of Ottawa Press

Townsley, B. (2007). Interpreting in the UK Community: Some reflections on public service interpreting in the UK. Language and Intercultural Communicaiton, 7 (2), 163-170.

Townsley, B. (ed.). (2011). Building Mutual Trust. London: The Middlesex University.

Tytler, A. F. (1907). Essays on the Principles of Translation. London: J. M. Dent & co.

Wadensjö, C. (1998). Interpreting as Interaction. London and New York: Longman.

Wang, D. (2013). The Principles and Practice of Legal Translation.

Hong Kong: City University of Hong Kong Press.

Weisflog, W. E. (1987). "Problems of Legal Translation" in Swiss Reports presented at the XIIth International Congress of Comparative Law, Zurich:Schulthess, 179-218.

國家圖書館出版品預行編目資料

法庭口譯：理論與實踐／陳雅齡著. ——
初版.——臺北市：五南, 2018.01
　面；　公分.
ISBN 978-957-11-9535-3（平裝）

1.法律　2.口譯

580.168　　　　　　　　106024371

1QJA

法庭口譯：理論與實踐

作　　　者 — 陳雅齡（248.7）

發 行 人 — 楊榮川

總 經 理 — 楊士清

副總編輯 — 劉靜芬

責任編輯 — 高丞嫻　吳肇恩

封面設計 — 斐類設計工作室

出 版 者 — 五南圖書出版股份有限公司

地　　　址：106台北市大安區和平東路二段339號4樓

電　　　話：(02)2705-5066　　傳　真：(02)2706-610♦

網　　　址：http://www.wunan.com.tw

電子郵件：wunan@wunan.com.tw

劃撥帳號：01068953

戶　　　名：五南圖書出版股份有限公司

法律顧問　林勝安律師事務所　林勝安律師

出版日期　2018年1月初版一刷

定　　　價　新臺幣350元